Für den Ernstfall abgesichert

Patienten- und Betreuungsverfügung sowie Vorsorgevollmacht für Alter, Krankheit und Unfall

Dr. Otto N. Bretzinger

Akademische Arbeitsgemeinschaft | Mannheim

Postfach 10 01 61 · 68001 Mannheim
Telefon 0621/8626262
Telefax 0621/8626263
www.akademische.de

3. Auflage
(Die Vorauflagen erschienen unter dem Titel »Vorsorgevollmacht, Betreuungs- und Patientenverfügung«.)

Stand: Oktober 2022

Zum Zwecke der besseren Lesbarkeit verwenden wir allgemein die grammatisch männliche Form. Selbstverständlich meinen wir aber bei Personenbezeichnungen immer alle Menschen unabhängig von ihrer jeweiligen geschlechtlichen Identität.

Redaktion: Dr. Torsten Hahn, Benedikt Naglik

Geschäftsführer: Christoph Schmidt, Stefan Wahle

Layout und Umschlaggestaltung: futurweiss kommunikationen, Wiesbaden

Bildquelle: © Adobe Stock – Visivasnc

Printed in Poland

ISBN 978-3-96533-269-0

Vorwort

Tagtäglich ist es für uns eine Selbstverständlichkeit, selbstbestimmt und eigenverantwortlich zu handeln und zu entscheiden. Und solange wir gesund sind, schieben wir das Thema »rechtliche Vorsorge« gerne beiseite. Denn wer beschäftigt sich schon gerne in guten Tagen mit derart »unangenehmen« Fragen? Aber niemand weiß, was morgen sein wird. Und schnell kann es geschehen, dass man wegen einer Krankheit, eines Unfalls oder altersbedingt nicht mehr in der Lage ist, seine Angelegenheiten selbst wahrzunehmen und selbstbestimmt zu entscheiden.

Die meisten Menschen werden (hoffentlich) das Glück haben, dass sich jemand um sie kümmert, wenn sie selbst nicht mehr handlungsfähig sind. Das Problem ist allerdings, dass den nahen Angehörigen kein gesetzliches Vertretungsrecht zusteht. Sie können also für die handlungsunfähige Person keine Rechtsgeschäfte (z.B. einen Heimvertrag) abschließen. Auch in medizinische Maßnahmen können sie nicht wirksam einwilligen. Gleichzeitig muss allerdings der Gesetzgeber dafür Sorge tragen, dass auch die Handlungsfähigkeit einer körperlich, seelisch oder geistig kranken Person im Alltag gewährleistet ist. Deshalb kann der Betroffene entweder selbst rechtliche Vorsorge treffen oder es wird vom Betreuungsgericht eine rechtliche Betreuung angeordnet.

Wenn Sie sich auch im Ernstfall »das Heft nicht aus der Hand nehmen lassen« und Ihr persönliches Selbstbestimmungsrecht gewährleistet wissen wollen, sollten Sie eine umfassende individuelle rechtliche Vorsorge treffen. In diesem Zusammenhang stehen Ihnen verschiedene Vorsorgeinstrumente zur Verfügung. Von Bedeutung ist, welchen Zweck Sie jeweils verfolgen. Denn die möglichen Verfügungen unterscheiden sich nach Ihrem Inhalt und Ihrem Adressaten.

Mit einer Patientenverfügung können Sie vorsorglich festlegen, dass bestimmte medizinische Maßnahmen durchzuführen oder zu unterlassen sind, falls Sie nicht mehr selbst entscheiden können. Damit wird sichergestellt, dass Ihr Patientenwille umgesetzt wird, auch wenn Sie sich in der aktuellen Situation nicht mehr äußern können. Mit einer Vorsorgevollmacht können Sie festlegen, wer Sie in allen wichtigen Angelegenheiten vertreten soll, wenn Sie selbst aus gesundheitlichen Gründen nicht mehr dazu in der Lage sind. Mit einer Betreuungsverfügung können Sie zwar die Bestellung eines Betreuers nicht vermeiden, sie können aber Einfluss auf die durch ein Gericht anzuordnende Betreuung nehmen und so die Person des Betreuers benennen und auch Wünsche über die Führung der Betreuung äußern. Und mit einer Sorgerechtsverfügung können Eltern einen Vormund für ihre minderjährigen Kinder benennen, falls sie sterben.

In diesem Ratgeber werden die verschiedenen Vorsorgeverfügungen vorgestellt. Viele konkrete Tipps sollen Ihnen bei der Errichtung Ihrer Verfügung helfen. Nicht zuletzt soll Sie der Ratgeber ermuntern, umfassende rechtliche Vorsorge zu treffen. Mustertexte sollen Ihnen bei der Formulierung Ihrer jeweiligen Vorsorgeverfügung helfen. Verstehen Sie die Textbausteine allerdings nur als Vorschläge und Anregungen, wie Sie Ihre Verfügung inhaltlich gestalten können. Letztlich maßgebend für den Inhalt Ihrer Vorsorgeverfügung sollte immer Ihre persönliche Lebenssituation sein.

Die dritte aktualisierte Auflage bringt den Ratgeber auf den aktuellsten Stand und berücksichtigt die ab 1.1.2023 geltende Reform des Betreuungsrechts.

Dr. iur. Otto N. Bretzinger

! Alle Textbausteine finden Sie zum kostenlosen Download unter www.steuertipps.de/mustertexte-verfuegungen.

Inhalt

1 Einleitung

Ihr persönliches Selbstbestimmungsrecht bildet den Kern Ihrer durch das Grundgesetz gewährleisteten Menschenwürde. Es umfasst zum einen das Recht, in Ihren Angelegenheiten selbst zu entscheiden, zum anderen aber auch die Möglichkeit, diese Entscheidungsbefugnis anderen Personen zu übertragen. Solange Sie handlungs- und entscheidungsfähig sind, ist die Ausübung Ihres Selbstbestimmungsrechts unproblematisch. Private rechtliche Vorsorge sollten Sie aber für den Fall treffen, dass Sie aufgrund bestimmter Umstände nicht mehr selbst entscheiden können und auf fremde Hilfe angewiesen sind.

1.1 Notwendigkeit der privaten Vorsorge

Ein Unfall, eine schwere Krankheit oder auch fortschreitendes Alter können dazu führen, dass Erwachsene ihre Angelegenheiten nicht mehr selbst regeln können. Häufig werden bei einem solchen Fürsorgefall dem Hilfebedürftigen der Ehegatte oder Lebenspartner, die Kinder, andere nahe Verwandte oder Freunde beiseite stehen und helfen. Es ist allerdings ein weitverbreiteter Irrtum, dass automatisch der Ehepartner oder die Kinder anstelle der hilfebedürftigen Person entscheiden dürfen, wenn diese ihre Angelegenheiten nicht mehr regeln kann. Die folgenden zwei Fälle sollen die Problematik verdeutlichen:

Fall 1

Der 35-jährige Ingo A. liegt nach einem schweren Motorradunfall seit zwei Monaten auf der Intensivstation im Koma. Beim Sturz hat er lebensbedrohliche Hirnverletzungen erlitten. Er kann zwar selbst atmen, muss aber durch Infusionen künstlich ernährt werden. Selbst wenn er aus dem Koma aufwachen sollte, wird er wahrscheinlich ein schwerer Pflegefall bleiben. Er wird seine Bewegungen nicht richtig koordinieren und nur undeutlich sprechen können. Bei allen persönlichen Tätigkeiten (Toilette,

Essen, Körperpflege) wird er auf persönliche Hilfe angewiesen sein.

Weil Ingo A. im Koma liegt, kann er nicht selbst entscheiden, wie er in einem solchen Fall ärztlich behandelt werden will bzw. ob die ärztliche Behandlung beendet werden soll. Da der Patient nicht verheiratet ist, erkundigen sich die behandelnden Ärzte nach dem mutmaßlichen Willen des Patienten, also danach, wie dieser entschieden hätte, wenn er im konkreten Fall noch selbst entscheiden könnte. Weil von Ingo A. keine entsprechenden Äußerungen vorliegen, werden sich die Ärzte für die Fortführung der medizinischen Behandlung entscheiden und den Patienten auf lange Sicht mit dem »Maximalprogramm« der Lebenserhaltung behandeln. Die Eltern und Geschwister haben so gut wie keine Chance, eine Beendigung der Behandlung, sprich »Abschaltung der Geräte« durchzusetzen.

In einer schriftlichen Patientenverfügung hätte Ingo A. vorsorglich festlegen können, dass bestimmte medizinische Maßnahmen durchzuführen oder zu unterlassen sind, falls er nicht mehr selbst entscheiden kann. Er hätte also auch festlegen können, dass lebenserhaltende Maßnahmen zu unterlassen sind, wenn er wegen einer Gehirnschädigung voraussichtlich dauerhaft nicht mehr imstande sein werde, mit anderen Menschen in Kontakt zu treten oder mit den Mitmenschen zu kommunizieren.

Fall 2

Die 75-jährige Marta B. wohnt nach dem Tod ihres Mannes allein in einer Mietwohnung. Anfangs war sie noch selbst in der Lage, sich zu versorgen und ihren Tag zu gestalten. In letzter Zeit fällt ihr das aber immer schwerer. Zunehmend wird sie verwirrter. Gedächtnis-, Orientierungs- und Sprachstörungen nehmen zu. Nachdem Marta B. eines Nachts bei dem Versuch, die Kellertreppe hinter zu steigen, gestürzt war und erst am nächsten

Morgen unterkühlt und mit starken Prellungen aufgefunden wurde, muss ihre Tochter handeln. Sie lässt ihre Mutter untersuchen. Das Ergebnis: Alzheimer-Demenz.

Zwar will sich die Tochter um ihre Mutter kümmern, es gibt aber Probleme. Weil sie keine Vollmacht hat, kann sie den Mietvertrag nicht kündigen. Das gilt auch für bestehende Versicherungsverträge. Sie hat keinen Zugriff auf das Bankkonto ihrer Mutter, auch kann sie sich keinen Überblick über deren Vermögensverhältnisse verschaffen. Damit bleibt ihr nur die Möglichkeit, beim Gericht für ihre Mutter eine Betreuung zu beantragen. Zwar ist davon auszugehen, dass das Betreuungsgericht nach Durchführung des gerichtlichen Verfahrens die Tochter als Betreuerin und damit als Vertreterin der Mutter bestellen wird, die Tochter steht allerdings unter der Aufsicht des Betreuungsgerichts.

Hätte Marta B. ihrer Tochter eine Vorsorgevollmacht erteilt, wäre ein unter Umständen langwieriges und belastendes gerichtliches Betreuungsverfahren entbehrlich gewesen. Die Tochter hätte aufgrund der vorhandenen Vertretungsbefugnis sofort nach Kenntnis der Notsituation handeln können und sie würde nicht der Kontrolle des Betreuungsgerichts unterliegen. Marta B. hätte in einer Vereinbarung mit ihrer Tochter regeln können, wie sie sich in bestimmten Situationen ihre Vertretung wünscht und wie ihre Tochter im Einzelfall ihre Interessen wahrnehmen soll.

Wenn Sie im Rahmen Ihres persönlichen Selbstbestimmungsrechts für den Fall, dass Sie selbst nicht mehr handlungsfähig sind, festlegen wollen, wer für Sie handeln und Ihre Interessen wahrnehmen soll und in welchem Sinne Sie betreffende Entscheidungen getroffen werden sollen, müssen Sie eine private rechtliche Vorsorge treffen. Diese hat stets Vorrang vor der staatlichen Rechtsfürsorge. So ist eine gesetzliche Betreuung nicht erforderlich, wenn Ihre Angelegenheiten durch einen Bevollmächtigten ebenso gut besorgt werden können. Und Ihre private Vorsorge geht auch einer mutmaßlichen Einwilligung in medizinische und pflegerische Maßnahmen vor.

1.2 Überblick über die Möglichkeiten der privaten Vorsorge

Für eine umfassende private Vorsorge stehen Ihnen verschiedene Instrumente zur Verfügung, die sich nach ihrem Inhalt und ihrem Adressaten unterscheiden. In Betracht kommen die Patientenverfügung, die Vorsorgevollmacht und die Betreuungsverfügung. Eltern von minderjährigen Kindern sollten darüber hinaus eine Sorgerechtsverfügung und eine Sorgerechtsvollmacht errichten. Auf jeden Fall sollten zur eigenen Vorsorge frühzeitig entsprechende Regelungen getroffenen werden, sodass die entsprechenden Entscheidungen ohne Zeitdruck und äußere Sachzwänge erfolgen können.

Unabhängig davon, welche Verfügung Sie errichten wollen, sollten Sie auf Folgendes unbedingt achten:

- Berücksichtigen Sie bei der privaten rechtlichen Vorsorge in erster Linie Ihre privaten Wünsche und Vorstellungen.
- Lassen Sie sich gegebenenfalls beraten, wenn Sie Fragen zu den jeweiligen Vorsorgemöglichkeiten haben. Es stehen Ihnen viele Beratungsangebote (z.B. bei Betreuungsbehörden, Betreuungsgerichten, Betreuungsvereinen) kostenlos zur Verfügung. Kostenpflichtig beraten Notare und Rechtsanwälte. In medizinischen Fragen können Sie sich an Ihren Hausarzt wenden; auch Hospizvereine oder Hospizeinrichtungen haben persönliche Beratungsangebote eingerichtet.
- Lassen Sie in Ihrer Verfügung gegebenenfalls Ihren Hausarzt oder eine unbeteiligte dritte Person bestätigen, dass keine Zweifel daran bestehen, dass Sie selbstbestimmt mit eigenem Willen die bezeichneten Entscheidungen getroffen haben.
- Errichten Sie Ihre Verfügungen schriftlich, unterschreiben Sie diese mit Familiennamen und geben Sie auch Ort und Datum an.

- Nehmen Sie in Ihre persönlichen Papiere (z.B. Kreditkarten, Personalausweis) eine Hinweiskarte auf, aus der hervorgeht, welche Verfügung Sie getroffen haben und wo Sie die Verfügung aufbewahren.
- Informieren Sie Ihre Angehörigen und Ärzte, dass Sie eine Vorsorgeverfügung verfasst haben.
- Überprüfen Sie Ihre einmal getroffenen Verfügungen in regelmäßigen Abständen und aktualisieren Sie diese bei Bedarf.

1.2.1 Patientenverfügung

Die Patientenverfügung ist eine vorsorgliche Verfügung für Ihre medizinische Versorgung. Im Rahmen Ihres Rechts auf Selbstbestimmung bei medizinischer Behandlung geben Sie Vorgaben über Art und Umfang diagnostischer oder therapeutischer Maßnahmen für den Fall, dass Sie sich in einer konkreten Behandlungssituation nicht mehr persönlich äußern können. Sie legen also verbindlich fest, was Ärzte, Pflegepersonal, Bevollmächtigte und Betreuungsgerichte zu tun und zu lassen haben, wenn Sie schwer erkrankt sind oder Sie einen Unfall hatten und Sie sich nicht mehr äußern können.

1.2.2 Vorsorgevollmacht

Mit der Vorsorgevollmacht können Sie im Voraus einen Vertreter bevollmächtigen, Ihre Angelegenheiten zu erledigen, wenn Sie dies infolge von Krankheit, Unfall oder (altersbedingtem) Nachlassen der geistigen Kräfte selbst nicht mehr oder nur noch teilweise können. Eine solche Vollmacht zur Vorsorge ermöglicht Ihnen ein hohes Maß an Selbstbestimmung für den Fall, dass Sie selbst nicht mehr in der Lage sind, Ihre Angelegenheiten wahrzunehmen. Sie benennen eine oder mehrere Personen Ihres Vertrauens, die bereit sind, für Sie im Bedarfsfall zu handeln. In der Vollmacht können Sie im

Einzelnen regeln, für welche Aufgabenbereiche sie gelten und welche Befugnisse der Bevollmächtigte haben soll. Liegt eine wirksame und ausreichende Vollmacht vor, so darf in ihrem Regelungsbereich vom Betreuungsgericht keine rechtliche Betreuung für Sie angeordnet werden.

Während die Patientenverfügung allein Ihre Gesundheitsvorsorge, also medizinische Angelegenheiten betrifft, können Sie in der Vorsorgevollmacht alle Angelegenheiten (z.B. neben Gesundheits- auch Vermögensangelegenheiten) regeln. Ihre Patientenverfügung richtet sich an Ärzte, Pflegepersonal, Bevollmächtigte und Betreuungsgerichte, die Ihren geäußerten Willen zu beachten haben, Ihre Vorsorgevollmacht richtet sich allein an Ihren Bevollmächtigten und berechtigt diesen, im Vorsorgefall Ihre Angelegenheiten zu besorgen.

! Sinnvoll ist es, Ihre Patientenverfügung mit einer Vorsorgevollmacht zu kombinieren. Damit haben Sie die Möglichkeit, eine oder mehrere Personen Ihres Vertrauens rechtlich in die Lage zu versetzen, den Festlegungen in Ihrer Patientenverfügung Nachdruck zu verleihen, diesen gegenüber den Ärzten und dem Pflegepersonal Geltung zu verschaffen und Ihre Festlegungen gegebenenfalls auch durchzusetzen.

1.2.3 Betreuungsverfügung

Für eine volljährige Person wird vom Gericht ein gesetzlicher Betreuer bestellt, wenn diese Person wegen einer psychischen Krankheit oder einer körperlichen, geistigen oder seelischen Behinderung ihre Angelegenheiten ganz oder teilweise nicht (mehr) besorgen kann. Zwar wird der Betroffene vom Gericht zu der Frage angehört, welche Person er als Betreuer wünscht, falls sich jedoch der Betroffene zu diesem Zeitpunkt nicht mehr äußern kann, hat das Gericht Wünsche, die dieser zuvor festgelegt hat, zu berücksichtigen. Dies geschieht zweckmäßig in einer schriftlichen vorsorgenden Verfügung für den Betreuungsfall, der sogenannten Betreuungsverfügung.

Darin kann der Betroffene für den Fall seiner eigenen Hilfsbedürftigkeit oder Geschäftsunfähigkeit gegenüber dem Betreuungsgericht Wünsche hinsichtlich der Person des Betreuers äußern und Hinweise geben, wie die Betreuung geführt werden soll.

Die Betreuungsverfügung ist von der Patientenverfügung und der Vorsorgevollmacht zu unterscheiden:

- Wenn Sie eine Betreuungsverfügung errichten, wenden Sie sich damit an das Betreuungsgericht und an den Betreuer. Sie können einen Betreuer für den Fall benennen, dass Sie Ihre Angelegenheiten nicht mehr selbst wahrnehmen können und Wünsche für Ihre Betreuung äußern. In der Patientenverfügung können Sie sich hingegen zu Wünschen einer medizinischen Versorgung äußern, das heißt zu einer medizinischen Behandlung bzw. Nichtbehandlung oder einer Behandlungsbegrenzung, für den Fall, dass Ihnen das in einer späteren Situation nicht mehr möglich sein sollte. Bei der Patientenverfügung geht es allein um die Gesundheitssorge, also um medizinische Angelegenheiten. Sie richtet sich in erster Linie an den behandelnden Arzt oder das Pflegepersonal.
- In einer Vorsorgevollmacht erlauben Sie einer Person Ihres Vertrauens, in Ihrem Sinne tätig zu werden, wenn Sie selbst dies nicht mehr können. Die Vorsorgevollmacht richtet sich also an Ihren Bevollmächtigten und berechtigt diesen, im Betreuungsfall Ihre Angelegenheiten zu besorgen. Weil durch die Vollmacht gewährleistet ist, dass Ihre Angelegenheiten wahrgenommen werden, auch wenn Sie diese nicht selbst besorgen können, ist im Regelfall die Bestellung eines amtlichen Betreuers entbehrlich.

! Wenn eine Person, der Sie vertrauen können, bereit ist, sich im Falle Ihrer Betreuungsbedürftigkeit um Ihre Angelegenheiten zu kümmern, ist eine Vorsorgevollmacht der Betreuungsverfügung vorzuziehen. Schließlich vermeiden Sie durch die Erteilung der Vollmacht ein gerichtliches Verfahren über die Bestellung eines

Betreuers. Sinnvoll ist es, in Ihrer Vorsorgevollmacht klarzustellen, dass diese eine gesetzliche Betreuung ersetzen soll. Zur Sicherheit sollte noch beigefügt werden, dass im Falle einer unter Umständen doch notwendigen gesetzlichen Betreuung der in Ihrer Vorsorgevollmacht eingesetzte Bevollmächtigte Ihr Betreuer sein soll. Darüber hinaus können Sie festlegen, wer Ihr Betreuer für den Fall sein soll, dass Ihr Bevollmächtigter nicht für die Aufgaben als Betreuer geeignet ist.

Haben Sie keine Person, der Sie eine Vollmacht anvertrauen wollen, sollten Sie in einer Betreuungsverfügung festlegen, wer im Falle Ihrer Betreuungsbedürftigkeit vom Gericht als Betreuer bestellt werden soll und welche Wünsche und Vorstellungen Sie im Falle einer notwendigen Betreuung haben. So können Sie auch ohne Vorsorgevollmacht Einfluss auf eine notwendige Betreuung nehmen.

1.2.4 Sorgerechtsverfügung und -vollmacht

Mit einer Sorgerechtsverfügung können Eltern einen Vormund für ihre minderjährigen Kinder benennen, falls sie sterben. Großeltern oder nahe Verwandte übernehmen nämlich nicht automatisch die elterliche Sorge. Liegt eine entsprechende Verfügung vor, darf das Familiengericht nur zum Wohle des Kindes von den Vorgaben der Eltern abweichen. Und für den Fall, dass Eltern schwer erkranken und nicht mehr in der Lage sind, das Sorgerecht auszuüben, können sie mit einer sogenannten Sorgerechtsvollmacht vorsorgen.

2 Patientenverfügung

Durch den medizinischen Fortschritt haben sich die Möglichkeiten, das menschliche Leben zu erhalten und zu verlängern auch bei schwersten Krankheiten und in hohem Alter rasant fortentwickelt. Die Folgen sind, dass damit nicht nur das Leben, sondern auch das Sterben und unter Umständen das Leiden verlängert werden.

Jeder von einem Arzt durchgeführte Heileingriff stellt eine mit Strafe bedrohte Körperverletzung dar, die nur dann nicht rechtswidrig und straffrei ist, wenn der Patient nach vorheriger umfassender ärztlicher Beratung und Aufklärung in den Eingriff eingewilligt hat. Das Selbstbestimmungsrecht des Patienten als Ausdruck des allgemeinen Persönlichkeitsrechts beinhaltet auch das grundsätzliche Recht, eine ärztliche Behandlung abzulehnen oder deren Fortsetzung zu untersagen. Für den Fall, dass der Patient irgendwann einmal nicht mehr mitteilen kann, welche Untersuchungen und Therapien er wünscht und welche er ablehnt, kann er vorsorgen und im Voraus festlegen, was Ärzte, Pflegepersonal, Bevollmächtigte und Betreuungsgerichte zu tun und zu lassen haben. Eine solche Festlegung nennt man Patientenverfügung.

2.1 Gründe für die Errichtung einer Patientenverfügung

Niemand kann Sie zwingen, einer vom Arzt vorgeschlagenen Behandlung zuzustimmen. Sie können auch jederzeit eine bereits begonnene Behandlung abbrechen. Selbst wenn der Arzt anderer Meinung ist, liegt die letzte Entscheidung immer bei Ihnen.

Problematisch ist das alles aber dann, wenn Sie selbst nicht mehr gefragt werden können.

Sind Sie als Patient handlungsunfähig (z.B. weil Sie bewusstlos sind oder im Koma liegen) muss der Arzt Ihren mutmaßlichen Willen ermitteln und danach entscheiden, ob der vorgeschlagenen Behandlung zugestimmt oder ob sie abgelehnt wird. Ihren mutmaßlichen Willen muss der Arzt anhand konkreter Anhaltspunkte ermitteln. Maßgeblich für das ärztliche Handeln ist dann, wie Sie als Patient selbst entscheiden würden. Dabei kommt es vor allem auf Ihre früheren Äußerungen, Ihre ethischen und religiösen Überzeugungen und Ihre sonstigen persönlichen Wertvorstellungen an, über die Ihre Angehörigen und andere Ihnen nahestehende Personen Auskunft geben können. Im Zweifel wird die Erforschung des mutmaßlichen Willens dazu führen, dass der Arzt sich immer zugunsten der Lebenserhaltung des Patienten entscheiden wird. So darf beispielsweise der Arzt bei einem schweren Autounfall, bei dem ein Bewusstloser vom Notarzt aufgefunden wird, vermuten, dass der Verletzte, wenn er bei Bewusstsein wäre, in die Behandlung einwilligen würde.

Haben Sie eine Vorsorgevollmacht errichtet und darin einen Bevollmächtigten bestellt, der Sie in gesundheitlichen Angelegenheiten vertreten darf, wird der Arzt den Bevollmächtigten in die Ermittlung des Patientenwillens einbeziehen. Der Arzt und Ihr Bevollmächtigter müssen dann herausfinden, wie Sie entscheiden würden, wenn Sie noch entscheidungsfähig wären. Und genau in diesem Zusammenhang gewinnt eine Patientenverfügung ihre Bedeutung. In Ihr können Sie verbindlich festlegen, welche Behandlungen in welchen Situationen Sie in Zukunft wollen und welche nicht. Auch für den Fall, dass Sie nicht mehr imstande sind, selbst über vom Arzt vorgeschlagene Behandlungsmaßnahmen zu entscheiden, können Sie in Ihrer Patientenverfügung festlegen, welche medizinischen Maßnahmen und Behandlungen für Sie ergriffen werden und welche unterbleiben sollen.

Mit einer Patientenverfügung können Sie also »zwei Fliegen mit einer Klappe schlagen«. Zum einen ist gewährleistet, dass medizinisch nur das getan wird, was Sie wünschen, zum anderen geben Sie nahe stehenden Personen eine Marschroute bei der Erforschung Ihres mutmaßlichen Willens vor. So können Sie sich vor ungewollten medizinischen Maßnahmen schützen und auch für den Fall, dass Sie nicht mehr entscheidungsfähig sind, Ihr Selbstbestimmungsrecht auch in gesundheitlich kritischen Lebensphasen wahren. Gleichzeitig können Sie Ihre Angehörigen vor quälenden Fragen und Entscheidungen schützen und diese in emotional eh schon belastenden Situationen entlasten.

Weder Ärzte oder Pflegepersonal noch nahe Angehörige, ein Bevollmächtigter oder Betreuer dürfen nach ihren eigenen Wertvorstellungen Ihren Willen als Patient missachten. Ihre Festlegungen in Ihrer Patientenverfügung sind rechtlich bindend, es sei denn, dass diese nicht mit dem Gesetz im Einklang stehen (z.B. Festlegungen über aktive Sterbehilfe).

2.2 In sechs Schritten zur Patientenverfügung

Wenn Sie eine Patientenverfügung errichten wollen, müssen Sie sich dafür ausreichend Zeit nehmen. Sie kann nicht im »Hopplahopp-Verfahren« verfasst werden. Jede Festlegung will sorgfältig überlegt sein. Schließlich sind damit einschneidende Konsequenzen verbunden. Planen Sie also Ihre Vorsorgeverfügung sorgfältig und gründlich. Dabei können Sie in folgenden Schritten vorgehen:

- **Schritt 1 – Information und Beratung:** Machen Sie sich schlau. Informieren Sie sich umfassend. Holen Sie Informationen über Krankheiten und mögliche Behandlungen ein und lassen Sie sich von Ihrem Hausarzt beraten. Befassen Sie sich eingehend mit dem möglichen Inhalt und den Formalitäten der Patientenverfügung.
- **Schritt 2 – Willensbildung:** Machen Sie sich Gedanken darüber, wie Sie in konkreten Situationen medizinisch behandelt werden wollen und welche Therapien Sie ablehnen.
- **Schritt 3 – Textentwurf:** Verfassen Sie den ersten Entwurf einer Patientenverfügung. Dabei können Sie zunächst auf Textbausteine zu den wichtigsten Themen »lebenserhaltende Maßnahmen«, »Wiederbelebung«, »Künstliche Ernährung«, »künstliche Beatmung« und »Schmerz- und Symptombehandlung« zurückgreifen. Prüfen Sie dann, welche weiteren Themen Sie regeln wollen (z.B. »Beistand«).

- **Schritt 4 – Reinfassung:** Fertigen Sie die endgültige Fassung Ihrer Patientenverfügung. Sie müssen Ihre Patientenverfügung schriftlich verfassen.
- **Schritt 5 – Unterschrift:** Unterschreiben Sie den Text und geben Sie Ort und Datum an.
- **Schritt 6 – Aufbewahrung:** Hinterlegen Sie Ihre Patientenverfügung bei Ihren anderen wichtigen persönlichen Unterlagen zu Hause. Wichtig ist, dass Ihre Verfügung auch aufgefunden und den behandelnden Ärzten übergeben werden kann. Erzählen Sie Ihren Angehörigen und Freunden, dass Sie eine Patientenverfügung haben und wo Sie diese aufbewahren. Für Notfälle ist es hilfreich, in Ihren Geldbeutel oder in Ihrer Brieftasche einen Zettel mit einem Hinweis aufzunehmen, dass Sie eine Patientenverfügung errichtet und wo Sie diese verwahrt haben.

---

10 wichtige Regeln für Ihre Patientenverfügung

- Sie müssen das 18. Lebensjahr vollendet haben.
- Sie müssen einwilligungsfähig sein. Das ist der Fall, wenn Sie in der Lage sind, Art, Bedeutung, Tragweite und Risiken einer ärztlichen Maßnahme zu erfassen und danach Ihre Entscheidung zu treffen.
- Sie müssen Ihre Patientenverfügung schriftlich verfassen und durch Namensunterschrift eigenhändig unterzeichnen. Die Festlegungen müssen nicht eigenhändig geschrieben sein, sie können also auch mit der Schreibmaschine oder dem PC verfasst werden. Es kann auch ein Formular verwendet werden.
- Es wird empfohlen, den Ort und das Datum der Erstellung der Verfügung anzugeben. Diese Angaben sind zwar keine Wirksamkeitsvoraussetzungen, sie können jedoch von Bedeutung sein, wenn es um die Frage geht, ob die Verfügung auf die aktuelle Lebens- und Behandlungssituation zutrifft.

- Sinnvoll ist es, die Patientenverfügung nach ärztlicher Beratung oder gemeinsam mit Ihrem Hausarzt zu erstellen. Eine entsprechende gesetzliche Verpflichtung besteht allerdings nicht.
- Inhaltlich müssen Sie konkrete Entscheidungen über die Einwilligung oder Nichteinwilligung in bestimmte, noch nicht unmittelbar bevorstehende ärztliche Maßnahmen treffen. Die Konkretisierung kann auch durch die Benennung bestimmter ärztlicher Maßnahmen oder die Bezugnahme auf ausreichend spezifizierte Krankheiten oder Behandlungssituationen erfolgen.
- Um Festlegungen in Ihrer Verfügung besser nachvollziehen zu können, kann es für Ärzte und das Pflegepersonal hilfreich sein, Ihre persönlichen Auffassungen dazu zu kennen. In einer schriftlichen Dokumentation Ihrer Wertvorstellungen (z.B. über Ihr zukünftiges Leben, eigene leidvolle Erfahrungen, Beziehungen zu anderen Menschen) können Sie die Ernsthaftigkeit Ihrer Patientenverfügung unterstreichen. Ferner kann die Dokumentation eine wichtige Ergänzung und Hilfe sein, wenn es Auslegungsprobleme gibt oder wenn die konkrete Behandlungssituation nicht genau derjenigen entspricht, die Sie in Ihrer Verfügung niedergelegt haben.
- Überprüfen Sie in regelmäßigen Abständen Ihre einmal getroffenen Festlegungen. Schließlich können sich Ihre Lebenseinstellung oder Ihre Wertvorstellungen geändert oder sich eventuell ganz neue Behandlungsmethoden ergeben haben. Wenn Sie nach Überprüfung Ihrer Festlegungen zum Ergebnis gelangen, dass alles so bleiben soll, wie es ist, sollten Sie einfach mit Ihrer Unterschrift und mit Datum bestätigen, dass Ihre Patientenverfügung weiterhin gültig sein soll.
- Sie können Ihre Verfügung bei Ihren persönlichen Unterlagen aufbewahren oder einem Angehörigen oder einer anderen Person Ihres Vertrauens zur Verwahrung überlassen. Sinnvoll

ist es, in Ihren Geldbeutel oder in Ihrer Brieftasche einen Zettel mit einem Hinweis aufzunehmen, dass Sie eine Patientenverfügung errichtet und wo Sie diese verwahrt haben.

- Sinnvoll ist es, die Patientenverfügung mit der Vorsorgevollmacht zu kombinieren. Damit haben Sie die Möglichkeit, eine oder mehrere Personen Ihres Vertrauens rechtlich in die Lage zu versetzen, Entscheidungen im Sinne der von Ihnen in Ihrer Patientenverfügung getroffenen Festlegungen zu treffen.

2.3 Verbindlichkeit der Patientenverfügung

Die Patientenverfügung ist als Vorsorgeinstrument gesetzlich anerkannt. Sie ist für Ärzte, Pflegepersonal, Betreuer und Bevollmächtigte verbindlich. Sie gilt auch dann, wenn das Sterben nicht unmittelbar bevorsteht, beispielsweise beim Wachkoma oder bei einer schweren Demenz. Sie gilt selbstverständlich nicht, wenn sie rechts- oder sittenwidrige Festlegungen enthält.

! Sie haben auch im Pflegeheim Anspruch auf Beachtung Ihres Patientenwillens gegenüber dem Pflegepersonal und der Heimleitung. Weder Regelungen im Heimvertrag noch die Gewissensfreiheit des Pflegepersonals dürfen z.B. Ihrem Verlangen nach Abbruch der künstlichen Ernährung entgegenstehen.

Verbindlich ist eine Patientenverfügung, wenn sie von einer volljährigen einwilligungsfähigen Person verfasst wurde, der Wille des Betroffenen für die konkrete Behandlungssituation eindeutig und sicher festgestellt werden kann und der Patient nicht erkennbar von den einmal getroffenen Festlegungen abweichen will. Die Würde des Menschen gebietet, dass ein im einwilligungsfähigen Zustand ausgeübtes Selbstbestimmungsrecht auch dann noch zu respektieren ist, wenn der Verfasser der Patientenverfügung zu einer eigenverantwortlichen Entscheidung nicht mehr in der Lage ist (Bundesgerichtshof, Urteil vom 17.3.2003, Aktenzeichen XII ZB 2/03). Die

Missachtung des in einer verbindlichen Patientenverfügung festgelegten Patientenwillens durch den Arzt kann als Körperverletzung strafbar sein.

Achtung: Neben den persönlichen Anforderungen an die Person des Verfassers und formalen Erfordernissen setzt die Verbindlichkeit der Patientenverfügung auch voraus, dass sie inhaltlichen Ansprüchen genügt. Der Bundesgerichtshof (Urteil vom 7.4.2017, Aktenzeichen XII ZB 604/15) hat unmissverständlich entschieden, dass eine Patientenverfügung nur wirksam ist, wenn sie ausreichend konkret ist. Dazu muss sie eine Erklärung zu den ärztlichen Maßnahmen, in die eingewilligt oder die untersagt werden, beinhalten und außerdem erkennen lassen, in welchem konkreten Behandlungsstadium die Verfügung gelten soll.

- **Eine wirksame Patientenverfügung kann nur von einer volljährigen Person errichtet werden.**
- **Einwilligungsfähigkeit des Verfassers:** Der Verfügende muss »einwilligungsfähig« sein.
- **Ärztliche Aufklärung:** Wenn im Rahmen der Errichtung der Patientenverfügung eine ärztliche Aufklärung erfolgt ist, sollte darauf hingewiesen werden, andernfalls sollte ausdrücklich festgelegt werden, dass auf eine ärztliche Aufklärung verzichtet wird.
- **Form:** Die Patientenverfügung muss schriftlich verfasst und vom Verfasser handschriftlich unterzeichnet werden.
- **Konkrete Behandlungsentscheidung:** Die Patientenverfügung muss genau beschreiben, für welche bestimmten, noch nicht unmittelbar bevorstehenden ärztlichen Maßnahmen Ihr Wille als Patient gelten soll.
- **Konkrete Behandlungssituation:** Die Festlegungen in der Patientenverfügung müssen sich auf Ihre dann aktuelle Lebens- und Behandlungssituation beziehen.

- **Aktive Sterbehilfe:** Unwirksam in einer Patientenverfügung sind rechtlich verbotene Festlegungen, insbesondere die Verfügung über eine aktive Sterbehilfe.
- **Aktualisierung:** Die Patientenverfügung wird zwar nicht durch Zeitablauf unwirksam, eine gelegentliche Überprüfung wird jedoch empfohlen, insbesondere bei wesentlichen Änderungen der Lebensumstände bzw. des Gesundheitszustands.

! Selbstverständlich besteht das Risiko, dass der behandelnde Arzt Ihre in der Patientenverfügung festgelegten Behandlungswünsche nicht beachten will. Unabhängig von der gesetzlichen Verankerung dieser Vorsorgeverfügung gibt es keine Gewähr für die hundertprozentige Verbindlichkeit der Patientenverfügung. Vor allem bei lebensbedrohlichen Eingriffen und bei Beendigung lebenserhaltender Maßnahmen wird der Arzt sich im Zweifel an das Betreuungsgericht wenden. Die Wahrscheinlichkeit, dass Ihre Verfügung dann letztlich doch beachtet wird, können Sie erhöhen, wenn Sie Ihre Patientenverfügung mit einer Vorsorgevollmacht oder einer Betreuungsverfügung verbinden. In diesem Fall haben Sie die Gewähr dafür, dass Ihr Bevollmächtigter oder der vorgeschlagene Betreuer Ihren Willen umsetzen kann.

2.4 Voraussetzungen für die Verbindlichkeit einer Patientenverfügung

Für die Verbindlichkeit einer Patientenverfügung müssen verschiedene Voraussetzungen erfüllt sein. Diese betreffen persönliche Anforderungen an den Verfasser sowie formale und inhaltliche Anforderungen an die Verfügung. Die inhaltlichen Anforderungen an eine Patientenverfügung werden unter 2.5. ausführlich dargestellt.

2.4.1 Einwilligungsfähigkeit

Nur wenn Sie volljährig sind, wenn Sie also das 18. Lebensjahr vollendet haben, können Sie eine wirksame Patientenverfügung errichten. Voraussetzung ist ferner, dass Sie »einwilligungsfähig« sind.

Einer medizinischen Maßnahme kann nur wirksam zustimmen, wer einwilligungsfähig ist. Ihre Einwilligungsfähigkeit ist deshalb auch Voraussetzung dafür, dass Ihre Patientenverfügung verbindlich ist. Sie müssen also in der Lage sein, Art, Bedeutung, Tragweite und die Risiken einer ärztlichen Maßnahme zu erfassen und danach Ihre Entscheidungen zu treffen. Im Einzelnen müssen für die Einwilligungsfähigkeit eines Patienten folgende Voraussetzungen vorliegen:

- Der Patient muss fähig sein, einen bestimmten Sachverhalt zu verstehen (Verständnis).
- Er muss in der Lage sein, bestimmte Informationen auch hinsichtlich der Folgen und Risiken in angemessener Weise zu verarbeiten (Verarbeitung).
- Der Patient muss die Fähigkeit besitzen, die Informationen auch im Hinblick auf Behandlungsalternativen angemessen zu bewerten (Bewertung).
- Der Patient muss die Fähigkeit haben, den eigenen Willen auf der Grundlage von Verständnis, Verarbeitung und Bewertung der Situation zu bestimmen (Bestimmbarkeit des Willens).

Achtung: Die Patientenverfügung einer einwilligungsunfähigen Person ist unwirksam. Grundsätzlich ist davon auszugehen, dass Sie einwilligungsfähig sind, wenn Sie das 18. Lebensjahr vollendet haben. Einwilligungsunfähigkeit kann (muss aber nicht) bei einer psychischen Krankheit oder bei Demenz vorliegen. Bei diesem Personenkreis oder bei in sonstiger Weise in ihrer Willensbildung beeinträchtigten Personen ist im Einzelfall zu prüfen, ob Einwilligungsfähigkeit gegeben ist. Sinnvoll ist es, in diesen Fällen bei der Errichtung der Vorsorgeverfügung einen Arzt hinzuzuziehen, der gegebenenfalls die Einwilligungsfähigkeit am Ende der Verfügung ausdrücklich bestätigt. Die Einwilligungsfähigkeit kann auch durch einen Notar bestätigt werden.

Textbaustein

Frau/Herr __________ ist in vollem Umfang einwilligungsfähig.

____

[Datum, Unterschrift des Arztes]

2.4.2 Ärztliche Aufklärung

Die für eine medizinische Behandlung eines Patienten notwendige Einwilligung ist nur dann wirksam, wenn der Arzt den Patienten über sämtliche für die Einwilligung wesentlichen Umstände aufgeklärt hat. Dazu gehören in der Regel insbesondere Art, Umfang, Durchführung, zu erwartende Folgen und Risiken der Maßnahme sowie ihre Notwendigkeit, Dringlichkeit, Eignung und Erfolgsaussichten im Hinblick auf die Diagnose oder die Therapie. Bei der Aufklärung ist auch auf Alternativen zur Maßnahme hinzuweisen, wenn mehrere medizinisch gleichermaßen indizierte und übliche Methoden zu wesentlich unterschiedlichen Belastungen, Risiken oder Heilungschancen führen können.

Die Aufklärung muss

- mündlich durch den Arzt oder durch eine Person erfolgen, die über die zur Durchführung der Maßnahme notwendige Befähigung verfügt; ergänzend kann auch auf Unterlagen Bezug genommen werden, die der Patient in Textform erhält,
- so rechtzeitig erfolgen, dass der Patient seine Entscheidung über die Einwilligung wohlüberlegt treffen kann,
- für den Patienten verständlich sein.

Ausnahmsweise ist keine Aufklärung erforderlich, soweit diese aufgrund besonderer Umstände entbehrlich ist, insbesondere wenn die Maßnahme unaufschiebbar ist oder der Patient auf die Aufklärung ausdrücklich verzichtet hat. Auch die Ablehnung ärztlicher Maßnahmen ist unabhängig von einer vorherigen Aufklärung wirksam.

! Ist bei Errichtung der Patientenverfügung eine ärztliche Aufklärung erfolgt, sollte in der Verfügung ausdrücklich darauf hingewiesen werden. Alternativ kann auch vermerkt werden, dass auf eine ärztliche Aufklärung ausdrücklich verzichtet wird.

Textbausteine

Frau/Herr __________ wurde von mir am __________ hinsichtlich der möglichen Folgen dieser Patientenverfügung aufgeklärt.

____

[Datum, Unterschrift des Arztes]

[Oder]

Auf eine ärztliche Aufklärung verzichte ich ausdrücklich.

Achtung: Ist bei Errichtung der Patientenverfügung weder eine Aufklärung des Arztes noch ein ausdrücklicher Verzicht auf eine ärztliche Aufklärung erfolgt, bedarf eine medizinische Behandlung der erneuten Einwilligung des Patienten nach vorheriger ärztlicher Aufklärung. Die Einwilligung muss entweder vom (einwilligungsfähigen) Patienten, vom Bevollmächtigten oder vom Betreuer erteilt werden. Die Patientenverfügung ist in diesem Fall nur ein Indiz für den mutmaßlichen Willen des Betroffenen.

2.4.3 Formale Anforderungen

Die Patientenverfügung muss schriftlich errichtet werden. Das Erfordernis der Schriftform verfolgt in erster Linie das Ziel, den Betroffenen vor übereilten und unüberlegten Festlegungen zu warnen und das wirklich Gewollte klarzustellen.

! Obwohl für die Errichtung der Patientenverfügung Schriftform vorgeschrieben ist, sind mündliche Äußerungen deshalb aber nicht wirkungslos. Schließlich müssen Ihre mündlichen Äußerungen bei der Feststellung des mutmaßlichen Patientenwillens von Ihrem Betreuer oder Bevollmächtigten berücksichtigt werden.

Dem Erfordernis der Schriftform wird entsprochen, wenn die Verfügung handschriftlich unterzeichnet ist und eindeutig einer bestimmten Person zugeordnet werden kann. Andernfalls ist die Patientenverfügung unwirksam. Nicht erforderlich ist eine eigenhändig geschriebene Erklärung, wie sie beispielsweise beim Testament verlangt wird. Die Patientenverfügung kann also auch mit der Schreibmaschine oder dem PC verfasst werden. Es können auch Textbausteine eines Formulars verwendet werden.

Keine Bedeutung für die Wirksamkeit der Patientenverfügung haben die Angabe des Orts und des Datums der Erstellung. Unabhängig davon können diese Angaben von Bedeutung sein, wenn es um die Frage geht, ob die Verfügung auf die aktuelle Lebens- und Behandlungssituation zutrifft. Deshalb ist es ratsam, jedenfalls das Datum der Errichtung anzugeben.

! Eine Patientenverfügung muss nicht notariell beglaubigt sein. Sollten Sie aber aufgrund Ihres angegriffenen Gesundheitszustands nicht mehr in der Lage sein, die Verfügung zu unterschreiben, sollten Sie unbedingt einen Notar aufsuchen, der Ihre Verfügung notariell beglaubigt.

2.4.4 Aktualisierung

Ihre Patientenverfügung verliert ihre Verbindlichkeit nicht durch zeitlichen Ablauf, sie ist also nicht nur befristet gültig. Zwar ist es sinnvoll, die in Ihrer Verfügung getroffenen Festlegungen regelmäßig dahin gehend zu überprüfen, ob Sie noch Ihren Wünschen entspricht (insbesondere dann, wenn eine akute schwerwiegende Krankheit vorliegt), ihre Wirkung behält die Verfügung aber solange, bis sie widerrufen wird.

! Unabhängig davon, dass eine Patientenverfügung nicht durch Zeitablauf unwirksam wird, wird empfohlen, die einmal getroffenen Verfügungen in regelmäßigen Abständen daraufhin zu überprüfen, ob sich an Ihren Wünschen etwas geändert hat. Insbesondere bei wesentlichen Änderungen Ihrer Lebensumstände bzw. Ihres Gesundheitszustands sollten Sie die Verfügung aktualisieren oder durch entsprechenden Vermerk zum Ausdruck bringen, dass sie nach wie vor Ihrem Willen entspricht. Berücksichtigen sollten Sie auch, dass die Medizin voranschreitet und die Heilmethoden sich ändern. Insbesondere wenn Sie schwer erkranken, sollten Sie Ihre Verfügung unter Umständen neu verfassen und sich dabei speziell aufgrund der Erkrankung von Ihrem behandelnden Arzt beraten lassen.

2.4.5 Unzulässige Inhalte

Unwirksam ist eine Festlegung in der Patientenverfügung, die etwas verlangt, was strafrechtlich verboten ist. Von Bedeutung sind in diesem Zusammenhang Festlegungen über die Sterbehilfe.

Es ist zwischen der passiven und der aktiven Sterbehilfe zu unterscheiden.

Passive Sterbehilfe liegt vor, wenn auf lebensverlängernde Maßnahmen verzichtet oder solche beendet werden, entweder weil sie in der unmittelbaren Sterbephase nicht mehr angezeigt sind oder weil der Patient sie ablehnt. Strafrechtlich wird passive Sterbehilfe nicht als »Tötung« gewertet. Entscheidend ist allerdings, dass der Patient an seiner Krankheit stirbt. Will der Patient dagegen leben, wäre die passive Untätigkeit des Arztes eine rechtswidrige Tötung durch Unterlassen. Auch der gezielte Abbruch einer ärztlichen Behandlung (z.B. Entfernung einer Magensonde, Abschaltung des Beatmungsgeräts) ist strafbar, wenn er dem Willen des Patienten nicht entspricht.

Achtung: Wird eine ärztliche Maßnahme (in welchem Krankheitsstadium auch immer) gegen den Willen des Patienten durchgeführt, stellt eine medizinische Behandlung eine rechtswidrige und strafbare Körperverletzung dar.

Die passive Sterbehilfe ist der Anwendungsbereich für Patientenverfügungen. Dort legt der Betroffene seine Behandlungswünsche im Rahmen seines Selbstbestimmungsrechts fest.

Von der passiven ist die strafbare aktive Sterbehilfe zu unterscheiden, bei der der Tod des Patienten »von Menschenhand« herbeigeführt wird. Im Unterschied zur passiven Sterbehilfe, bei der man nur dem natürlichen Sterbeprozess seinen Lauf lässt, wird bei der aktiven Sterbehilfe der Todeseintritt absichtlich und aktiv beschleunigt, indem dem Patienten eine Medikation verabreicht wird (z.B. Überdosis eines Schmerz- und Beruhigungsmittels oder Narkosemittels). Die aktive Sterbehilfe ist als Tötung auf Verlangen strafbar.

Achtung: Keine aktive Sterbehilfe liegt vor, wenn gegen den Willen des Patienten (z.B. in einer wirksamen Patientenverfügung) lebenserhaltende Maßnahmen begonnen wurden (z.B. künstliche Beatmung, PEG-Sonde) und diese nun beendet werden sollen, wenn der ermittelte Patientenwille zweifelsfrei diesen Maßnahmen entgegensteht.

Im Zusammenhang mit der Sterbehilfe ist auch die sogenannte indirekte Sterbehilfe von Bedeutung. Diese liegt vor, wenn im Rahmen einer Therapie der vorzeitige Tod des Patienten in Kauf genommen wird. Das ist z.B. der Fall, wenn der Patient im Sterbevorgang schmerzlindernde Medikamente (z.B. Morphium) mit dem ausschließlichen Ziel der Schmerzlinderung erhält (also nicht mit der Absicht der Lebensverkürzung) und die Lebensverkürzung als Nebenwirkung der Schmerzlinderung lediglich billigend in Kauf genommen wird. Indirekte Sterbehilfe ist erlaubt und nicht strafbar.

2.5 Inhalte einer Patientenverfügung

In Ihrer Patientenverfügung müssen Sie möglichst konkret beschreiben, für welche Situationen die Verfügung gelten soll und welche Behandlungswünsche Sie in diesen Situationen haben.

2.5.1 Überblick

Eine Patientenverfügung ist nur verbindlich, wenn sich aus ihr sowohl die konkrete Behandlungssituation (z.B. »Endstadium einer unheilbaren tödlich verlaufenden Krankheit«) als auch die auf diese Situation bezogenen Behandlungswünsche (z.B. »Durchführung oder Ablehnung lebenserhaltender Maßnahmen«) ergeben.

Ihre Patientenverfügung sollte situationsbezogen sein und so konkret wie möglich Ihre individuellen Wertvorstellungen abbilden. Sie ist für Ärzte maßgebend, sofern sie sich auf die konkrete Behandlungssituation bezieht und keine Umstände erkennbar sind, dass der Patient sie nicht mehr gelten lassen würde. Stets muss sorgfältig geprüft werden, ob eine Patientenverfügung beim vorliegenden Krankheitsbild auch für die aktuelle Situation gelten soll. Bei diesem Vorsorgedokument geht es ausschließlich um gesundheitliche Angelegenheiten und medizinisch-ethische Beratung.

Achtung: Ob per Hand geschrieben oder mit Textbausteinen zusammengestellt: Wichtig ist, dass die Behandlungswünsche so konkret wie möglich formuliert werden.

2.5.2 Festlegungen in der Patientenverfügung

Empfohlen wird allgemein folgender Aufbau der Patientenverfügung:

- Eingangsformel
- Situationen, für die Ihre Verfügung gelten soll
- Festlegungen zu Einleitung, Umfang oder Beendigung bestimmter ärztlicher Maßnahmen (lebenserhaltende Maßnahmen, Wiederbelebung, künstliche Ernährung, Flüssigkeitszufuhr, künstliche Beatmung, Schmerz- und Symptombehandlung)
- Beistand
- Ort der Behandlung
- Entbindung des Arztes von der Schweigepflicht, Einbeziehung des Hausarztes

- Organentnahme
- Hinweise auf weitere Unterlagen
- Ärztliche Aufklärung, Bestätigung der Einwilligungsfähigkeit
- Aussagen zur Verbindlichkeit
- Wertvorstellungen

Eingangsformel

Aus der Patientenverfügung muss zunächst hervorgehen, wer sie errichtet hat und für welche Person sie gelten soll. Die Eingangsformel macht deutlich, wer die Patientenverfügung ausgestellt hat.

Textbaustein

Ich __________ [Name, Vorname, geboren am, wohnhaft in] bestimme hiermit meine Wünsche zur Behandlung für den Fall, dass ich meinen Willen nicht mehr bilden oder äußern kann, …

Situationen, für die die Patientenverfügung gelten soll

Sie müssen konkret festlegen, für welche konkrete Lebens- und Behandlungssituation Ihre Patientenverfügung gelten soll. Andernfalls entfaltet die Verfügung keine bindende Wirkung. So ist es beispielsweise problematisch, wenn Sie als Situation, in der Ihre Patientenverfügung gelten soll, festlegen, »wenn mein Leben einmal nicht mehr erträglich ist«. In diesem Zusammenhang gibt es keine allgemeine Beurteilung, weil ein als unerträglich empfundenes Leben eine Krankheitsfolge nicht konkret beschreibt.

! Wenn Sie für einzelne Lebens- und Behandlungssituationen unterschiedliche Maßnahmen treffen wollen, sollten Sie jeweils für die betreffenden Situationen eine Patientenverfügung verfassen. Wenn Sie also z.B. für den Fall, dass der Sterbeprozess begonnen hat, wünschen, dass lebenserhaltende Maßnahmen unterlassen bzw. abgebrochen werden, für den Fall des Wachkomas aber alles getan wird, um Ihr Leben zu erhalten oder zu verlängern, sollten Sie für die beiden Fälle jeweils eine Verfügung errichten.

Als Situationen, für die Ihre Patientenverfügung gelten soll, kommen insbesondere in Betracht:

- die Sterbephase
- das Endstadium einer unheilbaren Krankheit
- eine Gehirnschädigung,
- der Gehirnabbau (z.B. Demenz).

Textbausteine

Meine Patientenverfügung soll in folgenden Situationen bzw. für folgende Lebensumstände gelten:

Wenn ich mich aller Wahrscheinlichkeit nach unabwendbar im unmittelbaren Sterbeprozess befinde.

[und/oder]

Wenn ich mich im Endstadium einer tödlich verlaufenden und unheilbaren Krankheit befinde, auch wenn der Sterbeprozess noch nicht unmittelbar begonnen hat.

[und/oder]

Infolge einer Gehirnschädigung meine Fähigkeit, Einsichten zu gewinnen, Entscheidungen zu treffen und mit anderen Menschen in Kontakt zu treten, nach Einschätzung zweier erfahrener Ärztinnen oder Ärzte (können namentlich benannt werden) aller Wahrscheinlichkeit nach unwiederbringlich erloschen ist, selbst wenn der Todeszeitpunkt noch nicht absehbar ist. Dies gilt für direkte Gehirnschädigung z.B. durch Unfall, Schlaganfall oder Entzündung ebenso wie für indirekte Gehirnschädigung z.B. nach Wiederbelebung, Schock oder Lungenversagen. Es ist mir bewusst, dass in solchen Situationen die Fähigkeit zu Empfindungen erhalten sein kann und dass ein Aufwachen aus diesem

Zustand nicht ganz sicher auszuschließen, aber unwahrscheinlich ist.

[und/oder]

Wenn ich wegen eines weit fortgeschrittenen Hirnabbauprozesses nicht mehr in der Lage bin, auf natürliche Weise Nahrung und Flüssigkeit zu mir zu nehmen, obwohl ich von Pflegekräften umfangreich dabei unterstützt werde.

[und/oder]

Eigene Beschreibung der Situationen, die mit einer Einwilligungsunfähigkeit einhergehen, also Situationen, in denen Sie Ihren Willen zur medizinischen Behandlung nicht mehr persönlich äußern können.

Auf die Situation bezogenen Festlegungen zu Einleitung, Umfang oder Beendigung bestimmter ärztlicher Maßnahmen

Für die in der Patientenverfügung festgelegten Situationen können Sie dann Anordnungen über die Einleitung, den Umfang und die Beendigung ärztlicher Maßnahmen treffen, insbesondere über

- lebenserhaltende Maßnahmen,
- Wiederbelebung,
- künstliche Ernährung und Flüssigkeitszufuhr,
- künstliche Beatmung,
- Schmerzbehandlung,
- Dialyse,
- Antibiotika,
- Blut- und Blutbestandteile.

Sie können alle Ihnen wünschenswert erscheinenden Behandlungsmethoden angeben und andere Therapien ausschließen. So können beispielsweise konkrete Behandlungswünsche im Hinblick auf Bluttransfusionen, Organtransplantationen, Verwendung noch nicht erprobter Medikamente oder noch nicht zugelassene Behandlungsmethoden geregelt werden. Ihr Wunsch kann dabei auf Fortführung einer medizinischen Behandlung und eine Maximalbetreuung ausgerichtet werden, Sie können aber auch Ihren Wunsch auf Behandlungsabbruch regeln.

Lebenserhaltende Maßnahmen

Als Patient dürfen Sie entscheiden, ob lebenserhaltende Maßnahmen durchgeführt oder nicht durchgeführt werden. Auch der Abbruch einer bereits begonnenen ärztlichen Behandlung gehört zum Selbstbestimmungsrecht des Patienten. Keine Bedeutung hat dabei, ob der Behandlungsabbruch passiv (durch Unterlassen einer weiteren Behandlung) oder aktiv (z.B. durch Entfernen einer Magensonde auf Wunsch des Patienten) erfolgt.

Textbausteine

In den von mir beschriebenen Situationen wünsche ich,

dass alles medizinisch Mögliche und Sinnvolle getan wird, um mein Leben zu erhalten.

[oder]

dass alle lebenserhaltenden Maßnahmen unterlassen werden. Hunger und Durst sollen auf natürliche Weise gestillt werden, gegebenenfalls mit Hilfe bei der Nahrungs- und Flüssigkeitsaufnahme. Ich wünsche fachgerechte Pflege von Mund und Schleimhäuten sowie menschenwürdige Unterbringung, Zuwendung, Körperpflege und das Lindern von Schmerzen, Atemnot, Übelkeit, Angst, Unruhe und anderer belastender Symptome.

Wiederbelebung

Eine wichtige Entscheidung, die Sie treffen sollten, ist, ob Sie bei einer schweren Krankheit eine Wiederbelebung wünschen oder diese strikt ablehnen.

Textbausteine

In den von mir beschriebenen Situationen wünsche ich Versuche der Wiederbelebung.

[oder]

Falls mein Herz zum Stillstand gekommen ist, wünsche ich in den von mir beschriebenen Situationen, dass Wiederbelebungsversuche unterlassen werden.

Künstliche Ernährung und Flüssigkeitszufuhr

Auch wenn Sie oben festgelegt haben, dass Sie keine lebensverlängernden Maßnahmen wünschen, erhalten Sie eine medizinische Basisversorgung, zu der auch gehört, dass Hunger und Durst gestillt werden. Beides gehört zur Grundpflege. Unterbleibt bei einem Patienten die Nahrungs- und Flüssigkeitszufuhr, hat das zwangsläufig den Tod zur Folge. Je nach Umgebungstemperatur und körperlicher Aktivität tritt der Tod durch Verdursten nach etwa drei bis vier Tagen ein. Ohne Nahrung können Menschen bei ausreichender Flüssigkeitszufuhr dagegen einige Wochen überleben.

Textbausteine

In den von mir beschriebenen Situationen wünsche ich,

dass eine künstliche Ernährung und Flüssigkeitszufuhr auch über Sonden oder Infusionen erfolgt.

[oder]

dass jegliche Zufuhr von Nahrung und Flüssigkeit über Sonden oder Infusionen unterbleibt, jedoch eine begleitende Pflege, um mir Hunger- und Durstgefühl zu nehmen.

Künstliche Beatmung

Patienten mit schweren Erkrankungen sind nicht mehr in der Lage, aus eigener Kraft genügend Sauerstoff für den Körper aufzunehmen. Dann ist es notwendig, die Atmung zu unterstützen oder den Patienten komplett künstlich zu beatmen. Die künstliche Beatmung wird eingesetzt, wenn die Spontanatmung einer Person unzureichend oder gar nicht mehr vorhanden ist. Dies kann beispielsweise bei einem Atem-/Herz-Kreislaufstillstand, bei Verletzungen oder Vergiftungen der Fall sein.

Wenn die Atmung bereits für kurze Zeit aussetzt, hat dies schwere Hirnschäden und den Tod zur Folge. Die Beatmung gehört deshalb zu den ersten Notfallmaßnahmen.

Textbausteine

In den von mir beschriebenen Situationen wünsche ich,

dass eine künstliche Beatmung durchgeführt wird, wenn dies mein Leben erhalten oder verlängern kann.

[oder]

dass keine künstliche Beatmung durchgeführt bzw. eine schon eingeleitete Beatmung eingestellt wird, unter der Voraussetzung, dass ich Medikamente zur Linderung der Luftnot erhalte. Die Möglichkeit einer Bewusstseinsdämpfung oder einer ungewollten Verkürzung meiner Lebenszeit durch diese Medikamente nehme ich in Kauf.

Schmerzbehandlung

Die moderne Medizin bietet viele Möglichkeiten, Schmerzen zu lindern. Die Verabreichung von Medikamenten, physikalische Therapien, Bewegungstherapien, Akupunktur und Nervenstimulation sind einige davon.

Textbausteine

In den von mir beschriebenen Situationen wünsche ich

eine fachgerechte Schmerzbehandlung. Die Möglichkeit von Bewusstseinstrübungen und einer Verkürzung meiner Lebenszeit durch diese Maßnahmen nehme ich in Kauf.

[oder]

eine fachgerechte Schmerzbehandlung, aber ohne bewusstseinsdämpfende Wirkungen.

Weitere medizinische Maßnahmen

In Ihrer Patientenverfügung können Sie auch Festlegungen zu Behandlungsmethoden, einzusetzenden Medikamenten, zur Durchführung von Blutwäsche, zum Einsatz von Antibiotika, zur Gabe von Blut- oder Blutbestandteilen und zur Vornahme von Organtransplantationen treffen.

Textbausteine

Behandlungsmethoden

In den von mir beschriebenen Situationen wünsche ich

nur schulmedizinische Behandlungsmethoden und keine Behandlung mit alternativem Behandlungsmethoden.

[oder]

neben schulmedizinischen Behandlungsmethoden auch eine Behandlung mit alternativen Behandlungsmethoden, sofern dies angebracht ist.

Medikamente

In den von mir beschriebenen Situationen wünsche ich,

dass keine Medikamente eingesetzt werden, die nicht zugelassen sind.

[oder]

dass auch nicht zugelassene Medikamente eingesetzt werden, die sich noch in der Erprobungsphase befinden und deren Nebenwirkungen und Wirkungsweisen noch nicht vollständig bekannt sind.

Dialyse

In den von mir beschriebenen Situationen wünsche ich,

dass eine künstliche Blutwäsche (Dialyse) durchgeführt wird, falls dies mein Leben verlängern kann.

[oder]

dass keine künstliche Blutwäsche durchgeführt wird bzw. eine schon eingeleitete Dialyse eingestellt wird.

Antibiotika

In den von mir beschriebenen Situationen wünsche ich

Antibiotika, falls dies mein Leben verlängern kann.

[oder]

Antibiotika nur zur Linderung meiner Beschwerden.

[oder]

keine Antibiotika.

Blut- und Blutbestandteile

In den von mir beschriebenen Situationen wünsche ich

die Gabe von Blut oder Blutbestandteilen, falls dies mein Leben verlängern kann,

[oder]

die Gabe von Blut oder Blutbestandteilen nur zur Linderung meiner Beschwerden,

[oder]

keine Gabe von Blut oder Blutbestandteilen

Organtransplantation

In den von mir beschriebenen Situationen wünsche ich

auch eine Organtransplantation, falls dies mein Leben verlängern kann.

[oder]

keine Organtransplantation.

Beistand

Neben Festlegungen in Ihrer Patientenverfügung, die unmittelbar an den Arzt bzw. das Pflegepersonal gerichtet sind, können Sie in Ihrer Verfügung auch vermerken, wer Ihnen im Falle einer Krankheit oder im Rahmen des Sterbeprozesses persönlich beistehen soll. Adressaten dieser Wünsche können insbesondere Ihr Ehepartner, Ihre nahen Angehörigen, Ihr Bevollmächtigter oder Ihr Betreuer sein.

Textbausteine

In den von mir beschriebenen Situationen wünsche ich

Beistand durch folgende Personen:

____

[Name, Vorname, geboren am, wohnhaft in]

____

[Name, Vorname, geboren am, wohnhaft in]

[oder]

Beistand durch Seelsorge.

[oder]

Beistand durch Hospizdienst.

[oder]

keinen Beistand.

Ort der Behandlung

Neben Festlegungen in Ihrer Patientenverfügung, die unmittelbar an den Arzt bzw. das Pflegepersonal gerichtet sind, können Sie in Ihrer Verfügung auch vermerken, an welchem Ort Sie medizinisch behandelt werden möchten, gepflegt oder sterben wollen. Adressaten dieser Wünsche sind insbesondere Ihr Ehepartner, Ihre nahen Angehörigen, Ihr Bevollmächtigter oder Ihr Betreuer.

Textbausteine

Meine letzten Stunden möchte ich

im Krankenhaus verbringen.

[oder]

wenn möglich zu Hause verbringen.

[oder]

wenn möglich in einem Hospiz verbringen.

Entbindung des Arztes von der ärztlichen Schweigepflicht

Über Ihre Erkrankung, die medizinische Behandlung und über alles, was Sie ihm anvertraut haben, darf der Arzt keine Angaben machen, auch nicht gegenüber Ihren nächsten Angehörigen. Andernfalls macht er sich wegen Verletzung der ärztlichen Schweigepflicht strafbar.

Sie können in Ihrer Patientenverfügung Ihren behandelnden Arzt von seiner gesetzlichen Schweigepflicht entbinden. In diesem Fall ist gewährleistet, dass Ihr Ehegatte und Ihre Angehörigen oder andere Personen zuverlässige Auskünfte über Ihren medizinischen Zustand und die ärztliche Behandlung erhalten.

Textbaustein

Ich will die behandelnden Ärzte von ihrer Schweigepflicht entbinden.

Organentnahme

Sie können in Ihrer Patientenverfügung auf Festlegungen über eine Organentnahme treffen. So können Sie diese entweder ausdrücklich ablehnen oder sich mit einer Organentnahme einverstanden erklären. Sie können aber auch einfach auf einen etwa vorhandenen Organspendeausweis verweisen.

Textbausteine

Eine Organentnahme lehne ich ab.

[oder]

Wenn bei mir der Hirntod festgestellt wurde, möchte ich meine Organe für eine Transplantation zur Verfügung stellen. Sind für die Transplantation medizinische Maßnahmen notwendig, die ich in der Patientenverfügung ausgeschlossen habe, gehen meine Bereitschaft zur Organspende und die damit verbundenen Behandlungsmaßnahmen vor.

[oder]

Wenn bei mir der Hirntod festgestellt wurde, möchte ich meine Organe für eine Transplantation zur Verfügung stellen. Sind für die Transplantation medizinische Maßnahmen notwendig, die ich in der Patientenverfügung ausgeschlossen habe, gehen die Aussagen in meiner Patientenverfügung vor.

[oder]

Ich besitze einen Organspendeausweis, in dem ich meine Bereitschaft zur Organspende erklärt habe.

Aussagen zur Verbindlichkeit, zur Auslegung und Durchsetzung und zum Widerruf der Patientenverfügung

Durch die nachfolgenden Festlegungen können Sie die Wirksamkeit und Verbindlichkeit Ihrer Patientenverfügung gewährleisten und bekräftigen. Ferner können Sie Festlegungen zu Auslegung und Durchsetzung sowie zum etwaigen Widerruf Ihrer Verfügung treffen.

Textbausteine

Diese Patientenverfügung wurde von mir nach sorgfältiger Überlegung und nach meinem freien Willen und ohne Druck von anderen errichtet. Über die getroffenen Festlegungen und deren Folgen bin ich mir bewusst. Mein geäußerter Wille zu bestimmten ärztlichen und pflegerischen Maßnahmen soll deshalb von den behandelnden Ärzten und Pflegern befolgt werden. Ich wünsche ausdrücklich nicht, dass mir für den Fall, dass ich nicht entscheidungsfähig bin, ein anderer Wille unterstellt wird, solange ich diesen nicht ausdrücklich widerrufen habe. Ein etwaiger Vertreter – z.B. Bevollmächtigter oder Betreuer – soll dafür Sorge tragen, dass mein Patientenwille durchgesetzt wird.

Sollte eine Ärztin oder ein Arzt oder das Behandlungsteam nicht bereit sein, meinen in dieser Patientenverfügung geäußerten Willen zu befolgen, erwarte ich, dass für eine anderweitige medizinische und/oder pflegerische Behandlung gesorgt wird. Von meiner Vertreterin/meinem Vertreter (z.B. Bevollmächtigte(r)/Betreuer(in)) erwarte ich, dass sie/er die weitere Behandlung so organisiert, dass meinem Willen entsprochen wird.

In Lebens- und Behandlungssituationen, die in dieser Patientenverfügung nicht konkret geregelt sind, ist mein mutmaßlicher Wille möglichst im Konsens aller Beteiligten zu ermitteln. Dafür soll diese Patientenverfügung als Richtschnur maßgeblich sein. Bei unterschiedlichen Meinungen über anzuwendende oder zu unterlassende ärztliche oder pflegerische Maßnahmen letzte Entscheidung bei meinem Bevollmächtigten

____

[Name, Vorname, geboren am, wohnhaft in].

[oder]

bei meinem Betreuer ______________________________
[Name, Vorname, geboren am, wohnhaft in].

[oder]

beim behandelnden Arzt.

[oder]

bei ____
[Name, Vorname, geboren am, wohnhaft in].

Sofern ich dieser Patientenverfügung Erläuterungen zu meinen allgemeinen Wertvorstellungen beigefügt habe, sollen diese als Interpretationshilfe zu meiner Verfügung dienen.

Wenn ich meine Patientenverfügung nicht widerrufen habe, wünsche ich nicht, dass mir in der konkreten Anwendungssituation eine Änderung meines Willens unterstellt wird. Wenn aber die behandelnden Ärzte, das Behandlungsteam, mein Bevollmächtigter oder mein Betreuer aufgrund meiner Gesten, Blicke oder anderen Äußerungen die Auffassung vertreten, dass ich entgegen den Festlegungen in meiner Patientenverfügung doch behandelt oder nicht behandelt werden möchte, dann ist möglichst im Konsens aller Beteiligten zu ermitteln, ob die Festlegungen in meiner Patientenverfügung noch meinem aktuellen Willen entsprechen.

Bei unterschiedlichen Meinungen über anzuwendende oder zu unterlassende ärztliche oder pflegerische Maßnahmen liegt die letzte Entscheidung bei meinem Bevollmächtigten

____

[Name, Vorname, geboren am, wohnhaft in].

[oder]

bei meinem Betreuer ______________________________
[Name, Vorname, geboren am, wohnhaft in].

[oder]

beim behandelnden Arzt.

[oder]

bei ____

[Name, Vorname, geboren am, wohnhaft in].

Hinweise auf weitere Vorsorgeverfügungen

Wenn Sie eine Vorsorgevollmacht und/oder eine Betreuungsverfügung errichtet haben, haben Sie Gelegenheit, Ihre Patientenverfügung mit diesen Vorsorgeverfügungen zu verbinden. So haben Sie Gewissheit, dass eine Person Ihres Vertrauens Ihren Willen umsetzen kann, mit der Sie vorher über Ihre Vorstellungen gesprochen haben.

Textbausteine

Ich habe zu dieser Patientenverfügung ergänzend eine Vorsorgevollmacht erstellt. Mein Bevollmächtigter ist

____

[Name, Vorname, geboren am, wohnhaft in].

[und/oder]

Ich habe zu dieser Patientenverfügung ergänzend eine Betreuungsverfügung erstellt. Mein Betreuer soll

____

[Name, Vorname, geboren am, wohnhaft in] sein.

Schlussformel

Die Schlussformel dient dazu, darauf hinzuweisen, dass Sie unter den beschriebenen Umständen keine weitere ärztliche Aufklärung wünschen. Diese Aussage ist besonders wichtig, da bestimmte ärztliche

Eingriffe nur dann wirksam vorgenommen werden dürfen, wenn ein Arzt Sie vorher hinreichend über die medizinische Bedeutung und Tragweite der geplanten Maßnahmen, alternative Behandlungsmöglichkeiten und Konsequenzen eines Verzichts aufgeklärt hat. Einer ärztlichen Aufklärung bedarf es nicht, wenn der einwilligungsfähige Patient auf eine ärztliche Aufklärung verzichtet hat. Aus Ihrer Patientenverfügung sollte sich ergeben, ob diese Voraussetzungen erfüllt sind.

Textbaustein

Soweit ich bestimmte Behandlungen wünsche oder ablehne, verzichte ich ausdrücklich auf eine (weitere) ärztliche Aufklärung.

Schlussbemerkungen

Mit den nachfolgenden Bemerkungen können Sie Ihre Patientenverfügung abschließen.

Textbausteine

Ich habe die Patientenverfügung in eigener Verantwortung und ohne äußeren Druck erstellt.

Ich bin mir des Inhalts und der Konsequenzen meiner darin getroffenen Entscheidungen bewusst.

Ich bin im Vollbesitz meiner geistigen Kräfte.

Mir ist die Möglichkeit der Änderung und des Widerrufs einer Patientenverfügung bekannt.

Ärztliche Aufklärung, Bestätigung der Einwilligungsfähigkeit

Für die Wirksamkeit der Patientenverfügung ist eine ärztliche Aufklärung nicht Voraussetzung. Unter Umständen kann es aber sinnvoll sein, Ihre Patientenverfügung mit einem Arzt Ihres Vertrauens zu besprechen. Der Arzt kann Sie fachlich aufklären und damit dazu beitragen, dass Sie die Tragweite Ihrer jeweiligen Entscheidungen besser beurteilen können. So können Sie beispielsweise erfahren, welche Chancen vergeben werden, wenn eine künstliche Ernährung durch eine Magensonde oder durch Infusionen generell abgelehnt wird.

Wenn Sie sich von einem Arzt vor Erstellung Ihrer Patientenverfügung haben ärztlich beraten lassen, sollten Sie in Ihrer Verfügung darauf ausdrücklich hinweisen. In diesem Zusammenhang kann der Arzt dann auch bestätigen, dass Sie bei Errichtung der Verfügung einwilligungsfähig waren.

Textbaustein

Ich habe mich vor Erstellung dieser Patientenverfügung von einem Arzt aufklären und beraten lassen.

Mit Frau/Herrn ________________________ [Name, Vorname, wohnhaft in] habe ich am __________ ein ausführliches Beratungs- und Aufklärungsgespräch geführt. Dabei haben wir die medizinischen Konsequenzen der Inhalte ihrer/seiner Patientenverfügung besprochen.

Frau/Herr ________________________ [Name, Vorname] war in vollem Umfang einwilligungsfähig.

____

[Datum, Unterschrift und Stempel des Arztes]

Beschreibung der persönlichen Wertvorstellungen

Die in Ihrer Patientenverfügung festgelegten Wünsche zu medizinischen Maßnahmen in kritischen Krankheitssituationen werden im Regelfall auf Ihren persönlichen Wertvorstellungen, Lebenshaltungen, religiösen Anschauungen, Hoffnungen oder Ängsten beruhen. Um Festlegungen in Ihrer Verfügung besser nachvollziehen zu können, kann es für Ärzte und das Pflegepersonal hilfreich sein, Ihre persönlichen Auffassungen dazu zu kennen.

Die Beschäftigung mit Fragen zu Ihrem bisherigen und zukünftigen Leben, mit leidvollen Erfahrungen, Ihre Beziehungen zu anderen Menschen, das Erleben von Leid, Behinderung oder Sterben anderer Menschen, die Rolle der Religion in Ihrem Leben und ähnlichen Fragen kann Ihnen helfen, sich darüber klar zu werden, was Sie in bestimmten Situationen an ärztlicher Hilfe in Anspruch nehmen wollen oder nicht. Die schriftliche Dokumentation Ihrer Wertvorstellungen kann zudem die Ernsthaftigkeit Ihrer Patientenverfügung unterstreichen. Ferner kann die Dokumentation eine wichtige Ergänzung und Hilfe sein, wenn es Auslegungsprobleme gibt oder wenn die konkrete Behandlungssituation nicht genau derjenigen entspricht, die Sie in Ihrer Verfügung niedergelegt haben.

Die nachfolgenden Fragen sollen Sie dazu anregen, über Ihre Lebensvorstellungen und Wertvorstellen nachzudenken und diese zu beschreiben.

- **Das bisherige Leben:** Sind Sie mit Ihrem Leben zufrieden oder würden Sie Ihr Leben anders führen, wenn Sie noch einmal von vorne anfangen könnten? Wenn Ihr Leben plötzlich zu Ende ginge, würden Sie dann sagen: »Es war gut so«? Wurden Sie vom Leben enttäuscht? Was hätten Sie sich anders gewünscht? Was heißt für Sie »menschenwürdig leben«?
- **Das zukünftige Leben:** Möchten Sie möglichst lange leben oder ist Ihnen die Qualität des Lebens wichtiger als die Lebensdauer? Welche unerfüllten Wünsche haben Sie noch? Was müssen Sie noch unbedingt erledigen, bevor Ihr Leben endet? Wovor haben Sie Angst im Hinblick auf Ihr Sterben?

- **Leidvolle Erfahrungen:** Welche Erfahrungen haben Sie selbst schon mit schwerwiegenden Krankheiten oder Schicksalsschlägen gemacht? Haben Sie Angehörige oder Freunde, die lebensbedrohlich erkrankt sind oder waren? Haben Sie sich von anderen helfen lassen, wenn es Ihnen schlecht ging, oder haben Sie versucht, alles allein zu regeln und mit sich selbst auszumachen? Was hat Ihnen in schweren Zeiten immer gut geholfen?
- **Beziehungen zu anderen Menschen:** Welche Bedeutung haben für Sie Ihre Familie und Ihre Freunde? Haben Sie gern andere Menschen um sich oder sind Sie lieber allein? Können Sie anderen Menschen vertrauen? Haben Sie gerne andere Menschen um sich, wenn es Ihnen schlecht geht? Haben Sie schon einmal das Sterben oder den Tod eines nahestehenden Menschen miterlebt? Welche Erinnerungen haben Sie daran? Sind Sie imstande, fremde Hilfe anzunehmen oder haben Sie Angst, anderen zur Last zu fallen?
- **Erleben von Leid, Behinderungen oder Sterben anderer Menschen:** Haben Sie schon einmal das Sterben und den Tod eines anderen Menschen miterlebt? Welche Erfahrungen sind damit für Sie verbunden? Wie sind Sie in der Vergangenheit mit Leid und Schicksalsschlägen umgegangen? Was haben Krankheiten vertrauter Menschen bei Ihnen ausgelöst und wie sind Sie mit diesen Krankheiten umgegangen? Wie wirken Behinderungen anderer Menschen auf Sie und wie gehen Sie damit um? Was wäre die schlimmste Behinderung, die Sie treffen könnte? Was heißt für Sie »menschenwürdig sterben«? Was wäre für Sie die schlimmste Vorstellung?
- **Rolle der Religion im Leben:** Welche Bedeutung hat Religion in Ihrem Leben? Sind Sie religiös? Welche Bedeutung hat Religion für Ihr alltägliches Leben (z.B. Ablehnung von Organspenden, Verzicht auf Bluttransfusionen und lebenserhaltende Maßnahmen)? Was bedeutet Ihnen Ihr Glaube angesichts von Leid und Sterben? Was kommt nach dem Tod?

2.6 Aufbewahrung und Hinterlegung der Patientenverfügung

Wichtig ist, dass alle Personen und Institutionen, die im Notfall über eine ärztliche Behandlung oder das Unterlassen bestimmter Maßnahmen zu entscheiden haben, schnell und unkompliziert auf die Patientenverfügung zugreifen können. Verwahren Sie deshalb Ihre Patientenverfügung so, dass insbesondere Ärzte, Bevollmächtigte oder Betreuer, aber gegebenenfalls auch das Betreuungsgericht, möglichst schnell und unkompliziert Kenntnis von der Existenz und vom Hinterlegungsort Ihrer Verfügung erlangen können.

2.6.1 Persönliche Aufbewahrung

Sie können Ihre Verfügung bei Ihren persönlichen Unterlagen aufbewahren oder einem Angehörigen oder einer anderen Person Ihres Vertrauens zur Verwahrung überlassen. Sinnvoll ist es, in Ihren Geldbeutel oder in Ihrer Brieftasche einen Zettel mit einem Hinweis aufzunehmen, dass Sie eine Patientenverfügung errichtet und wo Sie diese verwahrt haben. Wenn Sie einen Bevollmächtigten oder einen Betreuer bestellt haben, sollten Sie diesem ebenso Kenntnis von Ihrer Verfügung geben wie Ihrem behandelnden Arzt. Bei der Aufnahme in ein Pflegeheim sollte der Patient auf seine Patientenverfügung hinweisen. Wenn eine Vertrauensperson bevollmächtigt wurde, sollte auch diese informiert sein.

2.6.2 Hinterlegung

Im Zentralen Vorsorgeregister der Bundesnotarkammer (www.vorsorgeregister.de) können Sie Ihre Patientenverfügung im Zusammenhang mit einer Vorsorgevollmacht oder Betreuungsverfügung registrieren lassen. Wenn Sie Ihre Vorsorgevollmacht oder Betreuungsverfügung also mit Ihrer Patientenverfügung kombinieren, können beide Verfügungen dort eingetragen werden. Die Bundesnotarkammer erhebt für die Registrierung im Zentralen Vorsorgeregister aufwandsbezogene Gebühren. Die Höhe der Gebühr richtet sich nach der Art und Weise, wie die Meldung zum Register (Internet oder Post) und die Abrechnung erfolgen. Die Registrierungsgebühr fällt nur einmal im Zeitpunkt der Registrierung an (keine Jahresgebühr) und deckt die dauerhafte Registrierung der Vorsorgeurkunde (einschließlich aller Angaben zum Umfang der Vollmacht und aller Angaben zu Betreuungsverfügungen und Patientenverfügungen).

! In einigen Bundesländern (z.B. in Hessen, Niedersachsen, Sachsen, Thüringen) können Betreuungsverfügungen bei den Betreuungsgerichten hinterlegt werden. Wenn Sie dort Ihre Betreuungsverfügung mit Ihrer Patientenverfügung kombinieren, sind beide Verfügungen hinterlegungsfähig.

Für einmalig 80,– € archiviert das Deutsche Rote Kreuz, Zentralarchiv, DRK-Ortsverein Mainz (www.zentralarchiv.info), Altenauergasse 1, 55116 Mainz, Patientenverfügungen im Original. Jeder, der seine Verfügung dort einlagern lässt, erhält eine spezielle Ausweiskarte im Scheckkartenformat. Ebenfalls gegen Gebühr können Sie Ihre Patientenverfügung bei der Deutschen Stiftung Patientenschutz (www.stiftung-patientenschutz.de), Europaplatz 7, 44269 Dortmund, hinterlegen.

2.7 Änderung und Widerruf der Patientenverfügung

Sie können Ihre Patientenverfügung jederzeit widerrufen, ändern, ergänzen oder vollständig durch eine andere Verfügung ersetzen. Ihre Verfügung gilt also solange, bis Sie Ihre Erklärung ändern oder vollständig widerrufen.

Der Widerruf der Patientenverfügung ist formlos möglich. Er kann schriftlich, mündlich oder auch durch schlüssiges Verhalten (z.B. Kopfschütteln- oder -nicken) jederzeit, und zwar auch in einer akuten Behandlungssituation, erklärt werden. Erforderlich ist allerdings, dass die Änderung des Willens des Betroffenen deutlich zum Ausdruck kommt. Keine Bedeutung haben die Gründe für die Änderung oder den Widerruf der Patientenverfügung. Voraussetzung für den Widerruf oder die Änderung der Verfügung ist allerdings, dass der Betroffene einwilligungsfähig ist.

Notwendig ist es in jedem Fall, dass der behandelnde Arzt vom Widerruf erfährt. Andernfalls muss er sich weiterhin an die Festlegungen in der Patientenverfügung halten. Es ist also nicht ausreichend, dass der Betroffene seine Patientenverfügung ändert oder widerruft, er muss dem Arzt die Willensänderung oder den Widerruf auch mitteilen.

Achtung: Wenn der behandelnde Arzt die Meinungsäußerung des Betroffenen nicht erkennen kann, ist die Patientenverfügung für ihn verbindlich. In diesem Fall trägt der Patient das Risiko missverständlicher Anweisungen.

Nicht zulässig ist der Widerruf einer Patientenverfügung durch den Betreuer oder Bevollmächtigten. Diese müssen bei Zweifeln an der Wirksamkeit der Verfügung den mutmaßlichen Willen des Betroffenen ermitteln und auf dieser Grundlage eine Entscheidung treffen, die auch im Widerspruch zur Patientenverfügung stehen kann.

! Weil der Widerruf der Patientenverfügung keiner Form bedarf und auch ein schlüssiges Verhalten (z.B. widersprüchliche – bewusste oder unüberlegte – Äußerungen) den Widerruf der Verfügung zur Folge haben können, empfiehlt es sich, die Patientenverfügung regelmäßig zu überprüfen und zu aktualisieren und einen Widerruf möglichst schriftlich zu erklären. Damit wird der Gefahr begegnet, dass unter Umständen missverständliche Äußerungen als Widerruf ausgelegt werden können.

2.8 Vorsicht Falle: Die häufigsten Fehler bei der Patientenverfügung

Folgende Fehler sollten Sie unbedingt vermeiden:

- **Patientenverfügung ist nur für ältere Menschen wichtig:** Verzichten Sie nicht deshalb auf die Errichtung einer Patientenverfügung, weil Sie noch jung und gesund sind. Sie können jederzeit durch einen Unfall oder eine Krankheit in die Situation kommen, dass sie nicht mehr imstande sind, über eine medizinische Behandlung selbst zu entscheiden.
- **Im Notfall werden die Angehörigen entscheiden:** Ihr Ehepartner oder Ihre Kinder sind nicht Ihre gesetzlichen Vertreter. Ihre Angehörigen können nur für Sie entscheiden, wenn Sie eine rechtsgeschäftliche Vollmacht für den Einzelfall oder eine Vorsorgevollmacht errichtet haben oder vom Vormundschaftsgericht als Betreuer bestellt wurden. Andernfalls müssen die Ärzte vor einer Behandlung Ihren mutmaßlichen Willen ermitteln.
- **Die Angehörigen sind entsprechend informiert:** Eine Patientenverfügung ist nur verbindlich, wenn Sie schriftlich verfasst wurde. Sie richtet sich dann unmittelbar an die Ärzte und das Pflegepersonal. Mündliche Festlegungen gegenüber Ihren Angehörigen können allenfalls bei der Ermittlung Ihres mutmaßlichen Willens herangezogen werden. Im Zweifelsfall werden dann die Ärzte das Betreuungsgericht einschalten.
- **Eine Patientenverfügung kann auch noch verfasst werden, wenn eine medizinische Behandlung konkret ansteht:** Einer medizinischen Maßnahme können Sie wirksam nur dann zustimmen, wenn Sie einwilligungsfähig sind. Ihre Einwilligungsfähigkeit ist deshalb auch Voraussetzung dafür, dass Ihre Patientenverfügung verbindlich ist. Sie müssen also in der Lage sein, Art, Bedeutung, Tragweite und die Risiken einer ärztlichen Maßnahme zu erfassen und danach Ihre Entscheidungen zu treffen.

- **Die Patientenverfügung ist nicht mehr aktuell:** Ihre Patientenverfügung ist nur dann verbindlich, wenn sie Ihren aktuellen Willen wiedergibt. Unabhängig davon, dass die Verfügung nicht durch Zeitablauf unwirksam wird, ist es sinnvoll, Ihre einmal getroffenen Verfügungen in regelmäßigen Abständen daraufhin zu überprüfen, ob sich an Ihren Wünschen etwas geändert hat. Insbesondere bei wesentlichen Änderungen der Lebensumstände bzw. des Gesundheitszustands sollte die Verfügung aktualisiert oder durch entsprechenden Vermerk zum Ausdruck gebracht werden, dass sie nach wie vor Ihrem Willen entspricht.
- **In der Patientenverfügung wurde pauschal geregelt, welche medizinische Behandlung gewollt ist und welche nicht:** Pauschale Formulierungen in der Patientenverfügung sind rechtlich nicht verbindlich. Die Verfügung muss genau beschreiben, für welche bestimmten, noch nicht unmittelbar bevorstehende ärztliche Maßnahmen Ihr Wille als Patient gelten soll. Und Ihre Anweisungen müssen sich dann auf eine aktuelle Lebens- und Behandlungssituation beziehen.
- **Die Patientenverfügung ist nicht auffindbar:** Achten Sie unbedingt darauf, dass alle Personen und Institutionen, die im Notfall über eine ärztliche Behandlung oder das Unterlassen bestimmter Maßnahmen zu entscheiden haben, schnell und unkompliziert auf Ihre Patientenverfügung zugreifen können. Verwahren Sie deshalb Ihre Patientenverfügung so, dass insbesondere Ärzte, Bevollmächtigte oder Betreuer, aber gegebenenfalls auch das Betreuungsgericht, möglichst schnell und unkompliziert Kenntnis von der Existenz und vom Hinterlegungsort Ihrer Verfügung erlangen können.

3 Rechtliche Betreuung

Im täglichen Rechtsverkehr ist die Handlungsfähigkeit von Personen wichtig. Wer wegen einer Beeinträchtigung nicht imstande ist, seine Angelegenheiten zureichend wahrzunehmen, ist auf die Hilfe anderer Personen angewiesen. Bei volljährigen hilfsbedürftigen Personen besteht allerdings das Problem, dass den ihnen nahestehenden Personen, insbesondere dem Ehegatten und den nächsten Verwandten, kein gesetzliches Vertretungsrecht zusteht.

Wer als Erwachsener wegen einer Krankheit oder Behinderung seine Angelegenheiten nicht mehr selbst wahrnehmen kann, erhält von Amts wegen oder auf seinen Antrag einen Betreuer, den das Betreuungsgericht bestellt. Eine gerichtliche Betreuung kommt nicht in Betracht, wenn die Angelegenheiten des Betroffenen ebenso gut auch durch einen Bevollmächtigten wahrgenommen werden können. Eine Betreuung kann also verhindert werden, wenn der Betroffene eine Vorsorgevollmacht erteilt.

3.1 Inhalt und Auswirkungen der Betreuung

Die Bestellung eines Betreuers ist für den Betreuten nicht mit einer Entrechtung verbunden. Seine Geschäfts- und Einwilligungsfähigkeit werden von der Betreuung nicht berührt. Auch die ihm zustehenden höchstpersönlichen Rechte kann der Betreute weiterhin wahrnehmen. Wesensmerkmal der Betreuung ist die gesetzliche Vertretungsmacht des Betreuers. Bei der Betreuung bekommt der Betroffene für die Angelegenheiten, die er nicht mehr selbst besorgen kann, einen Betreuer als gesetzlichen Vertreter zur Seite gestellt. Und wenn das Gericht für einzelne Aufgabenbereiche einen Einwilligungsvorbehalt angeordnet hat, werden die rechtliche Handlungsfähigkeit des Betreuten und damit seine Teilnahme am Rechtsverkehr beschränkt.

3.1.1 Gesetzliche Vertretung

Die gesetzliche Vertretungsmacht des Betreuers ist Wesensmerkmal der Betreuung. Soweit andere Hilfen ausreichen, bei denen kein gesetzlicher Vertreter bestellt werden muss, ist eine Betreuung nicht zulässig.

Im Rahmen des übertragenen Aufgabenkreises vertritt der Betreuer den Betreuten gerichtlich und außergerichtlich. Er hat die Stellung eines gesetzlichen Vertreters. Die Vertretungsbefugnis betrifft die Abgabe von Willenserklärungen (z.B. Abschluss eines Vertrags, Kündigung) und rechtsgeschäftliche Handlungen (z.B. Mahnungen, Fristsetzungen). Sie gilt auch für den Empfang solcher Erklärungen gegenüber dem Betreuten und für die Vertretung im gerichtlichen Verfahren und gegenüber Behörden.

3.1.2 Einwilligungsvorbehalt

Eine Ausnahme vom Grundsatz, dass die rechtliche Betreuung keinen Einfluss auf die rechtliche Handlungsfähigkeit des Betroffenen hat, ist der sogenannte Einwilligungsvorbehalt. Diesen kann das Gericht zur Abwendung einer erheblichen Gefahr für die Person oder das Vermögen des Betreuten anordnen. In diesem Fall benötigt der Betreute (von bestimmten Ausnahmen wie beispielsweise bei geringfügigen Geschäften des täglichen Lebens abgesehen) die Einwilligung des Betreuers. Die Willenserklärung des Betreuten ist nur wirksam, wenn der Betreuer einwilligt. Allerdings kann sich der Einwilligungsvorbehalt nur auf Willenserklärungen beziehen, die den Aufgabenkreis des Betreuers betreffen.

Ist ein Einwilligungsvorbehalt angeordnet, bedarf die Willenserklärung des Betreuten der vorherigen Zustimmung des Betreuers. Ein ohne Einwilligung des Betreuers geschlossener Vertrag ist schwebend unwirksam. Seine Wirksamkeit hängt von der Genehmigung des Betreuers ab. Einseitige Rechtsgeschäfte des Betreuten (z.B. eine Kündigung), die der Betreute ohne die erforderliche Einwilligung des Betreuers abgeschlossen hat, sind unwirksam.

3.1.3 Geschäftsfähigkeit und Betreuung

Am privaten Rechtsverkehr kann nur teilnehmen, wer geschäftsfähig ist. Wer also Rechtsgeschäfte wie beispielsweise Verträge abschließen oder einseitige Rechtsgeschäfte wie Kündigungen vornehmen will, muss geschäftsfähig sein. Geschäftsunfähigkeit besteht nur in Ausnahmefällen, so insbesondere bei Personen, die sich in einem die freie Willensbildung ausschließenden Zustand krankhafter Störung der Geistestätigkeit befinden, sofern nicht der Zustand seiner Natur nach ein vorübergehender ist. Geschäftsunfähigkeit liegt also vor, wenn der Betroffene nicht mehr in der Lage ist, seine Entscheidungen von vernünftigen Erwägungen abhängig zu machen, was zum Beispiel bei einer fortschreitenden Demenz der Fall sein kann.

Achtung: Die Anordnung einer Betreuung berührt nicht die Geschäftsfähigkeit des Betreuten. Der Betreute kann also neben dem Betreuer Rechtsgeschäfte abschließen und selbstständig im Rechtsverkehr auftreten. Der Betreute darf beispielsweise von seinem Bankkonto Geld abheben, Überweisungen tätigen und Wertpapiere kaufen, es sei denn, das Gericht hat einen Einwilligungsvorbehalt für die Vermögensvorsorge angeordnet. Ob Geschäftsunfähigkeit vorliegt, ist allein nach den genannten Grundsätzen zu beurteilen. Ist der Betreute geschäftsunfähig, kann für ihn allein der Betreuer als gesetzlicher Vertreter innerhalb des ihm übertragenen Aufgabenkreises handeln.

3.1.4 Einwilligungsfähigkeit und Betreuung

Weil jede ärztliche Heilbehandlungsmaßnahme eine Körperverletzung darstellt, muss der Arzt vor der Durchführung der medizinischen Maßnahme, insbesondere eines Eingriffs in den Körper oder die Gesundheit, die Einwilligung des Patienten einholen. In eine Heilbehandlungsmaßnahme kann der Patient nur rechtswirksam einwilligen, wenn er einwilligungsfähig ist. Das ist der Fall, wenn der Patient Art, Bedeutung, Tragweite und Risiken der ärztlichen Maßnahme erfassen und seinen Willen entsprechend bestimmen kann. Eine Betreuung als solche berührt die Einwilligungsfähigkeit des Betreuten grundsätzlich nicht. Eine rechtliche Betreuung geht immer nur so weit, wie der Betroffene durch eine Erkrankung oder eine Behinderung daran gehindert ist, seine Angelegenheiten selbst zu besorgen bzw. auch medizinische Entscheidungen selbst zu treffen. Die Einwilligungsfähigkeit ist hinsichtlich jeder einzelnen medizinischen Entscheidung festzustellen. Der Betreute muss also in der Lage sein, intellektuell die Tatsachen zur Kenntnis zu nehmen, die seine Krankheit ausmachen, und ihre Bedeutung für seine weitere Lebensführung erfassen.

Achtung: Ist der betreute Patient einwilligungsfähig, muss er selbst der Heilbehandlungsmaßnahme zustimmen. Die Entscheidung, ob er in den Eingriff einwilligt, bleibt dem Betreuten überlassen. Ein einwilligungsfähiger Patient darf auf keinen Fall gegen seinen Willen behandelt werden, und zwar auch dann nicht, wenn für ihn ein rechtlicher Betreuer bestellt ist. Die Einwilligung des Betreuers hat in diesem Fall keine Bedeutung. Ist der betreute Patient einwilligungsunfähig, bedarf es der Einwilligung des Betreuers. Unter Umständen bedarf es daneben noch der gerichtlichen Genehmigung.

3.2 Voraussetzungen für die Bestellung eines Betreuers

Die Bestellung eines Betreuers ist zulässig, wenn die betroffene Person das 18. Lebensjahr vollendet hat, sie an einer Krankheit oder einer Behinderung leidet und aufgrund dessen ihre eigenen Angelegenleiten ganz oder teilweise nicht besorgen kann und deshalb eine Betreuung erforderlich ist.

3.2.1 Medizinische Voraussetzungen

Ein Betreuer darf nur bestellt werden, wenn bei der betroffenen Person eine Hilfsbedürftigkeit vorliegt, die auf einer Krankheit oder Behinderung beruht.

In Betracht kommen psychische und körperliche Erkrankungen. Unter psychische Krankheiten fallen

- körperlich nicht begründbare (endogene) Psychosen (z.B. Schizophrenien, manisch-depressive Erkrankungen, Borderline-Syndrom);
- körperlich begründbare (exogene) Psychosen, also seelische Störungen als Folge von Krankheiten oder Verletzungen des Gehirns, von Anfallsleiden oder von anderen Krankheiten oder körperlichen Beeinträchtigungen (z.B. Schädel-Hirn-Verletzungen, Demenz vom Alzheimer-Typ, Parkinson-Krankheit, Epilepsie);
- Abhängigkeitskrankheiten (z.B. Alkohol-, Medikamenten-, Drogenabhängigkeit);
- Neurosen und Persönlichkeitsstörungen (Psychopathien), z.B. Borderline-Störungen.

Anlass für die Bestellung eines Betreuers kann auch eine Behinderung des Betroffenen sein, wenn dieser deshalb seine rechtlichen Angelegenheiten ganz oder teilweise nicht besorgen kann. Zu den Menschen mit Behinderungen zählen nach der UN-Behindertenrechtskonvention Menschen, die langfristige körperliche, seelische, geistige oder Sinnesbeeinträchtigungen haben, welche sie in Wechselwirkung mit verschiedenen Barrieren an der vollen, wirksamen und gleichberechtigten Teilhabe an der Gesellschaft hindern können.

Geistige Behinderungen sind angeborene oder durch Erkrankung oder Unfall erworbene Intelligenzdefizite verschiedener Schweregrade (z.B. Down-Syndrom, Demenz). Als seelische Behinderungen sind bleibende psychische Beeinträchtigungen anzusehen, die Folge von psychischen Krankheiten sind. Dazu gehören auch die geistigen Auswirkungen des Altersabbaus (z.B. Altersdemenz). Körperliche Behinderungen wie beispielsweise Blindheit, extreme Kurzsichtigkeit, Gehörlosigkeit oder Schwerhörigkeit machen in der Regel eine rechtliche Betreuung nicht notwendig.

3.2.2 Fürsorgebedürfnis

Ein Betreuer ist für den Betroffenen nur dann zu stellen, wenn dieser aufgrund einer der oben genannten Krankheiten oder Behinderungen »seine Angelegenheiten ganz oder teilweise rechtlich nicht besorgen kann«. Welche Angelegenheiten regelungsbedürftig sind, bestimmt sich nach dem konkreten Lebenszuschnitt des Betroffenen. Wer beispielsweise über kein Vermögen verfügt, kommt auch ohne die Fähigkeit aus, Vermögen zu verwalten. Zu prüfen ist also, welche Angelegenheiten konkret zu regeln sind, also etwa der Personensorge (insbesondere der Heilbehandlung), Vermögens- oder Wohnungsangelegenheiten. Erst danach kann festgestellt werden, welche Angelegenheiten überhaupt zu besorgen sind.

Das Unvermögen des Betroffenen, seine Angelegenheiten ganz oder teilweise zu regeln, kann rechtlicher oder tatsächlicher Art sein. So kann etwa der Betroffene wegen intellektueller Schwächen darin gehindert sein, Inhalt und Bedeutung seiner rechtsgeschäftlichen Erklärungen abzuschätzen und so an der Erledigung seiner eigenen Angelegenheiten gehindert sein. Rechtliches Unvermögen liegt vor, wenn der Betroffene wegen Geschäftsunfähigkeit nicht mehr am Rechtsverkehr teilnehmen und Rechtsgeschäfte wirksam abschließen kann.

3.2.3 Erforderlichkeit der Betreuerbestellung

Ein Betreuer darf nur für Aufgabenbereiche bestellt werden, in denen die Betreuung erforderlich ist. Gegenüber anderen Hilfen ist also die Betreuung nachrangig.

Der Betreuer vertritt im Rahmen seines Aufgabenkreises den Betreuten gerichtlich und außergerichtlich. Damit muss zwangsläufig ein Betreuer bestellt werden, wenn eine gesetzliche Vertretung des Betroffenen notwendig ist. Voraussetzung ist allerdings nicht, dass der Betroffene geschäftsunfähig sein muss. Ausreichend ist es, dass der Betroffene Unterstützung erhält, um seine eigenen Rechte geltend zu machen. In diesem Fall ist die Bestellung eines Betreuers jedoch nur dann zulässig, wenn dem Betroffenen keine anderen Hilfen zur Verfügung stehen, was insbesondere der Fall ist, wenn er einen Bevollmächtigten bestellt hat.

Keine rechtliche Betreuung ist erforderlich, wenn tatsächliche Hilfen durch die Familie, durch Bekannte oder Nachbarn, Heimpersonal oder Sozialdienste erfolgen, wenn also der Betroffene beispielsweise nur einen Pfleger für das Waschen, Kochen, Einkaufen, die Körperpflege oder ärztliche Hilfe benötigt.

3.2.4 Vorrang des Notvertretungsrechts des Ehegatten

Besteht ein Vertretungsrecht des Ehegatten, darf ein Betreuer nicht bestellt werden. In diesem Zusammenhang ist insbesondere das ab 1.1.2023 geltende zeitlich befristete gegenseitige Notvertretungsrecht von Ehegatten in Angelegenheiten der Gesundheitssorge von Bedeutung. Kann ein Ehegatte aufgrund von Bewusstlosigkeit oder Krankheit seine Angelegenheiten der Gesundheitssorge rechtlich nicht besorgen, ist der andere Ehegatte berechtigt, für den zu vertretenden Ehegatten u.a. in Untersuchungen des Gesundheitszustandes, Heilbehandlungen oder ärztliche Eingriffe einzuwilligen oder sie zu untersagen sowie ärztliche Aufklärungen entgegenzunehmen, oder Behandlungsverträge, Krankenhausverträge oder Verträge über eilige Maßnahmen der Rehabilitation und der Pflege abzuschließen und durchzusetzen,

Das gesetzliche Vertretungsrecht der Ehegatten in Angelegenheiten der Gesundheitssorge ist zeitlich auf drei Monate beschränkt. Ist der erkrankte Ehegatte nach drei Monaten nicht wieder in der Lage, seine Angelegenheiten rechtlich selbst zu besorgen oder zumindest für eine rechtsgeschäftliche Vertretung im Rahmen einer Vollmacht Sorge zu tragen, handelt es sich nicht mehr um eine Notvertretung. Es ist vielmehr dann davon auszugehen, dass der Betroffene über einen längeren Zeitraum eines Vertreters bedarf.

3.2.5 Vorrang der Bevollmächtigung

Die Bestellung eines Betreuers kommt nicht in Betracht, wenn die Angelegenheiten des Betroffenen ebenso gut auch durch einen Bevollmächtigten wahrgenommen werden können. Hat also der Betroffene eine umfassende Vorsorgevollmacht erteilt, darf vom Betreuungsgericht kein Betreuer bestellt werden (wegen der Einzelheiten vgl. 4.).

3.3 Umfang der Betreuung

Wenn feststeht, dass eine volljährige Person aufgrund einer Krankheit oder Behinderung der Betreuung bedarf, muss das Betreuungsgericht über den einem Betreuer zu übertragenden Aufgabenbereich entscheiden und einen Betreuer auswählen. Ferner muss unter Umständen gerichtlich entschieden werden, ob ein sogenannter Einwilligungsvorbehalt angeordnet wird.

3.3.1 Aufgabenkreis

Wie oben bereits dargelegt, gilt für das Betreuungsrecht der Erforderlichkeitsgrundsatz. Ein Betreuer darf nur für Aufgabenbereiche bestellt werden, in denen die Betreuung erforderlich ist. Welche Angelegenheiten für den Betroffenen zu besorgen sind, wird durch das Betreuungsgericht festgelegt.

Das Betreuungsgericht entscheidet nicht nur darüber, ob für eine kranke oder behinderte volljährige Person ein Betreuer bestellt wird. Auch der Umfang der Betreuung muss festgelegt werden. Maßgebend ist dabei der Betreuungsbedarf des Betroffenen. Die Betreuung darf nur für diejenigen Aufgaben bzw. Aufgabenbereiche angeordnet werden, die tatsächlich anfallen und die der Betroffene nicht ohne gesetzlichen Vertreter ausüben kann.

Die Bestellung des Betreuers muss die Aufgabenbereiche so konkret wie möglich bezeichnen. Allerdings müssen bei der Bestimmung des Aufgabenbereichs die einzelnen Besorgungen, die auf den Betreuer zukommen, insbesondere die einzelnen Rechtsgeschäfte, die er abzuschließen hat, nicht gesondert bezeichnet werden. Ausreichend sind vielmehr typisierende Bezeichnungen wie etwa »Vermögenssorge« oder »Sorge für die Gesundheit«, wenn für die jeweiligen Bereiche insgesamt eine Betreuung erforderlich ist.

3.3.2 Anordnung eines Einwilligungsvorbehalts

Wie bereits oben dargelegt, berührt die Anordnung einer Betreuung nicht die Geschäftsfähigkeit der betreuten Person. Der Betreute kann also neben dem Betreuer Rechtsgeschäfte abschließen und selbstständig im Rechtsverkehr auftreten. Der Betreute darf also beispielsweise Überweisungen tätigen oder einen Wohnungsmietvertrag abschließen oder kündigen. Nur wenn der Betreute geschäftsunfähig ist, weil er sich in einem die freie Willensbestimmung ausschließenden Zustand krankhafter Störung der Geistestätigkeit befindet, kann er am Rechtsverkehr nicht teilnehmen.

Bei Geschäftsfähigkeit des Betreuten ist es durchaus möglich und denkbar, dass es zu einander widersprechenden rechtsgeschäftlichen Handlungen von Betreuer und Betreutem kommt. Der geschäftsfähige Betreute muss nämlich nicht Rücksprache mit dem Betreuer halten, wenn er ein Rechtsgeschäft abschließen will. Allerdings kann das Betreuungsgericht im Einzelfall einen sogenannten Einwilligungsvorbehalt anordnen. In diesem Fall sind Willenserklärungen der betreuten Person dann nur mit vorheriger oder nachträglicher Zustimmung des Betreuers wirksam.

Voraussetzungen

Einen Einwilligungsvorbehalt darf das Betreuungsgericht nur anordnen, wenn dies zur Abwendung einer erheblichen Gefahr für die Person oder das Vermögen des Betreuten erforderlich ist. In diesem Fall unterliegen dann aber nur Willenserklärungen, die den Aufgabenkreis des Betreuers betreffen, dem angeordneten Einwilligungsvorbehalt. Der Einwilligungsvorbehalt erstreckt sich in der Praxis in erster Linie zwar auf Vermögensangelegenheiten, er kann in besonders gelagerten Fällen aber auch in Fällen der Personensorge (z.B. Wohnungsangelegenheiten) angeordnet werden.

Wegen des erheblichen Eingriffs in die Rechtsstellung des Betreuten, der mit der gerichtlichen Anordnung eines Einwilligungsvorbehalts verbunden ist, kommt dieser nur »zur Abwendung einer erheblichen Gefahr« für die Person oder das Vermögen des Betreuten in Betracht. Eine solche liegt insbesondere bei Willenserklärungen vor, bei denen eine erhebliche Gefahr der Selbstschädigung für den Betreuten besteht. Nicht ausreichend für die Anordnung ist die Gefahr einer geringfügigen Vermögensschädigung. Das gilt auch für den Fall, dass der Betreute eine fällige Rechnung nicht bezahlt hat. Dagegen kommt die Anordnung eines Einwilligungsvorbehalts in Betracht, wenn der betreuten Person durch viele aussichtslose Klagen eine Verschuldung droht.

Achtung: Die Anordnung eines Einwilligungsvorbehalts kommt nur in Ausnahmefällen in engen Grenzen in Betracht. Wird ein Betreuer lediglich aufgrund der körperlichen Behinderung des Betroffenen bestellt, so ist die Anordnung schon wegen des Erforderlichkeitsgrundsatzes nicht zulässig. Auch bei leichteren Fällen psychischer Krankheiten oder geistiger oder seelischer Behinderungen, in denen keine Gefahr besteht, dass sich die betreute Person durch unvernünftige Willenserklärungen selbst schädigt, besteht keine Notwendigkeit für die Anordnung eines Einwilligungsvorbehalts. Das gilt auch in besonders schweren Fällen, wenn also die Krankheit oder Behinderung so schwer ist, dass der Betroffene seinen rechtsgeschäftlichen Willen überhaupt nicht kundtun kann. Selbst wenn eine umfassende Vorsorgevollmacht vorliegt, kann kein Einwilligungsvorbehalt angeordnet werden.

Einwilligungsfreie Willenserklärungen

Selbst wenn das Betreuungsgericht einen Einwilligungsvorbehalt angeordnet hat und das betreffende Rechtsgeschäft des Betreuten unter diesen Einwilligungsvorbehalt fallen würde, bedarf es nicht der Einwilligung des Betreuers, wenn die Erklärung dem Betreuten lediglich einen rechtlichen Vorteil bringt. Maßgebend ist dabei, den Betroffenen vor rechtlichen Nachteilen zu schützen.

» Nur rechtlich vorteilhaft sind beispielsweise reine Geldschenkungen oder die Abtretung einer Forderung an den Betreuten.

Der Einwilligung seines Betreuers bedarf der Betreute auch dann nicht, wenn die Willenserklärung eine geringfügige Angelegenheit des täglichen Lebens betrifft, es sei denn, dass das Betreuungsgericht etwas anderes angeordnet hat.

» Zustimmungsfrei ist der Kauf von Lebensmitteln, wenn diese nach Art und Menge das übliche Maß nicht übersteigen, oder die Anschaffung von Kleidungsstücken. Nicht zu den geringfügigen Angelegenheiten gehört der Abschluss eines Mobilfunktelefonvertrags.

Folgen des Einwilligungsvorbehalts

Der vom Betreuungsgericht angeordnete Einwilligungsvorbehalt hat zur Folge, dass das vom Betreuten abgeschlossene Rechtsgeschäft schwebend unwirksam ist. Für die Wirksamkeit des Geschäfts bedarf es der Genehmigung des Betreuers. Die Einwilligung kann dem Betreuten oder dem Dritten gegenüber erklärt werden. Mit der nachträglichen Genehmigung wird das Rechtsgeschäft von Anfang an wirksam. Verweigert der Betreuer die Genehmigung, wird das Rechtsgeschäft rückwirkend endgültig unwirksam.

3.4 Auswahl des Betreuers

Der Betreuer wird vom Betreuungsgericht bestellt. Die Auswahl der Person richtet sich nach den gesetzlichen Regelungen. In erster Linie bestellt das Betreuungsgericht eine natürliche Person, die geeignet ist, in dem gerichtlich bestimmten Aufgabenkreis die Angelegenheiten des Betreuten zu besorgen und ihn in dem hierfür erforderlichen Umfang persönlich zu betreuen. Nur wenn den Betroffenen eine oder mehrere natürliche Personen nicht hinreichend betreuen können, ist die Bestellung eines anerkannten Betreuungsvereins oder eine Behörde möglich. In jedem Fall muss das Betreuungsgericht einem Vorschlag des Betroffenen, dass eine bestimmte Person als Betreuer bestellt werden soll, entsprechen, wenn dies dem Wohl des Betroffenen nicht zuwiderläuft.

3.4.1 Rangfolge bei der Betreuerauswahl

Bei der Auswahl des Betreuers hat das Gericht eine gesetzlich festgelegte Rangfolge einzuhalten:

- Vorrangig soll eine natürliche Person, also eine Einzelperson, bestellt werden, die den Betroffenen ehrenamtlich betreut.
- Steht keine geeignete Person zur Verfügung, die zur ehrenamtlichen Führung der Betreuung bereit ist, soll eine Einzelperson in der Form eines beruflichen Betreuers bestellt werden.
- Ein anerkannter Betreuungsverein wird vom Gericht als Betreuer bestimmt, wenn der Betroffene dies wünscht, oder wenn er durch eine oder mehrere Personen nicht hinreichend betreut werden kann. Der Betreuungsverein überträgt die Wahrnehmung der Betreuung einzelnen Personen.
- Kann der Betroffene weder durch eine oder mehrere natürliche Personen noch durch einen Betreuungsverein hinreichend betreut werden, wird die Betreuungsbehörde zum Betreuer bestellt.

3.4.2 Vorschlag des Betroffenen

Schlägt der Betroffene eine bestimmte Person als Betreuer vor, so ist diesem Vorschlag vom Betreuungsgericht zu entsprechen, wenn es dem Wohl des Betroffenen nicht zuwiderläuft. Der Betroffene kann auch vorschlagen, eine bestimmte Person nicht als Betreuer zu bestellen; auch diesen Wunsch muss das Betreuungsgericht grundsätzlich berücksichtigen. Da es sich bei dem Vorschlag des Betroffenen um keine Willenserklärung handelt, sind auch die Wünsche eines geschäftsunfähigen Betroffenen zu berücksichtigen.

! Der Betroffene kann auch bereits vor einer notwendigen Betreuung einen Betreuer vorschlagen. Auch in diesem Fall ist das Betreuungsgericht an seinen Vorschlag gebunden, es sei denn, dass der Betroffene erkennbar nicht mehr daran festhalten will. Regelmäßig kann der Betroffene in einer sogenannten Betreuungsverfügung Vorschläge für die Auswahl des Betreuers machen. Darin kann der Betroffene festlegen, wer bzw. wer auf keinen Fall als Betreuer bestellt werden soll, wenn eine Betreuung notwendig, er aber selbst nicht in der Lage ist, seine Vorstellungen zu äußern (wegen der Einzelheiten vgl. 5.).

3.5 Aufgaben und Pflichten des Betreuers

Dem Betreuer obliegen neben allgemeinen Pflichten insbesondere solche im Zusammenhang mit dem ihm übertragenen Aufgabenkreis.

3.5.1 Allgemeine Pflichten

Unabhängig vom gerichtlich übertragenen Aufgabenbereich hat der Betreuer die ihm gesetzlich auferlegten Pflichten zu erfüllen. Entsprechende Verpflichtungen bestehen gegenüber der betreuten Person und gegenüber dem Betreuungsgericht.

Vorrang der Wünsche des Betreuten

Richtschnur für Maßnahmen des Betreuers sind die Wünsche des Betreuten. Sie genießen grundsätzlich Vorrang. Deshalb ist der Betreuer zunächst verpflichtet, die Wünsche des Betreuten festzustellen und den Betreuten sodann bei deren Umsetzung zu unterstützen. Die Verpflichtung im gesetzlichen Rahmen die Wünsche des Betreuten zu befolgen, betrifft alle Lebensbereiche, u.a. Inhalt, Art und Weise der ärztlichen Heilbehandlung, den Wohnsitz, den Umgang mit bestimmten Personen, die Freizeitgestaltung, die Verwaltung des Vermögens und die Auswahl des Pflegeheims.

Nur in Ausnahmefällen hat der Betreuer den Wünschen des Betreuten nicht zu entsprechen, insbesondere dann, wenn die Person des Betreuten oder dessen Vermögen hierdurch erheblich gefährdet würde und der Betreute diese Gefahr aufgrund seiner Krankheit oder Behinderung nicht erkennen oder nicht nach dieser Einsicht handeln kann. Kann der Betreuer die Wünsche des Betreuten nicht feststellen oder darf er ihnen aufgrund der damit verbundenen Gefährdung des Betreuten nicht entsprechen, hat er den mutmaßlichen Willen des Betreuten zu ermitteln und umzusetzen.

Bedeutung der Betreuungsverfügung

In einer Betreuungsverfügung kann der Betroffene nicht nur eine Person seiner Wahl als Betreuer bzw. Ersatzbetreuer vorschlagen oder Personen benennen, die auf keinen Fall gerichtlich für seine Betreuung bestellt werden sollen, er kann darüber hinaus Wünsche und Vorstellungen äußern, wie im Fürsorgefall vom gerichtlich eingesetzten Betreuer seine Angelegenheiten (z.B. Ort und Art der Unterbringung, Vermögensverwaltung, Art und Weise medizinischer Behandlungen) wahrgenommen werden sollen. Der Betreuer ist dann gehalten, die in der Betreuungsverfügung niedergelegten Wünsche zu beachten, es sei denn, dass der Betreute erkennbar nicht mehr an seinem geäußerten Willen festhalten will.

Bedeutung der Patientenverfügung

Besondere Pflichten obliegen dem Betreuer, zu dessen Aufgabenkreis die Gesundheitssorge des Betreuten, also die Entscheidung über eine Untersuchung, Heilbehandlung oder einen ärztlichen Eingriff, gehört. Liegt eine Patientenverfügung der betreuten Person vor, muss der Betreuer prüfen, ob die darin enthaltenen Festlegungen auf die aktuelle Lebens- und Behandlungssituation des Betreuten zutreffen. Ist dies der Fall, hat der Betreuer dem Willen des Betreuten Ausdruck und Geltung zu verschaffen.

! Der Betreuer darf aufgrund einer Patientenverfügung nur dann tätig werden, wenn der Betreute nicht mehr einwilligungsfähig ist, wenn er also Art, Bedeutung und Tragweite und auch die Risiken der ärztlichen Maßnahme nicht mehr zu erfassen und seinen Willen danach zu bestimmen vermag. Solange der Betreute die Einwilligungsfähigkeit besitzt, entscheidet allein er selbst über die Durchführung oder Unterlassung von ärztlichen Maßnahmen.

Treffen die Festlegungen einer Patientenverfügung nicht auf die aktuelle Lebens- und Behandlungssituation zu, hat der Betreuer die Behandlungswünsche oder den mutmaßlichen Willen des Betreuten festzustellen und auf dieser Grundlage zu entscheiden, ob er in eine ärztliche Maßnahme einwilligt oder sie untersagt. Der mutmaßliche Wille ist aufgrund konkreter Anhaltspunkte zu ermitteln. Zu berücksichtigen sind insbesondere frühere mündliche oder schriftliche Äußerungen, ethische oder religiöse Überzeugungen und sonstige persönliche Wertvorstellungen des Betreuten. Auch eine altersbedingte Lebenserwartung kann bei der Ermittlung des mutmaßlichen Willens des Betroffenen herangezogen werden. Kann der Betreuer einen mutmaßlichen Willen und damit die Wünsche des Betreuten nicht ermitteln, muss er allein nach dessen Wohl entscheiden.

3.5.2 Vertretung des Betreuten

Wesensmerkmal der Betreuung ist die gesetzliche Vertretungsmacht des Betreuers. Seine Vertretungskompetenz bezieht sich auf außergerichtliche und gerichtliche Angelegenheiten.

Außergerichtliche Vertretung

In seinem Aufgabenkreis vertritt der Betreuer den Betreuten umfassend. Er hat damit die Stellung eines gesetzlichen Vertreters.

Die Pflicht des Betreuers, bei der Betreuung das Wohl und die Wünsche des Betreuten zu berücksichtigen, betreffen lediglich das Innenverhältnis zwischen dem Betreuten und dem Betreuer; sie haben also keine Außenwirkung und betreffen damit nicht die dem Betreuer gesetzlich zustehende Vertretungsmacht. Diese richtet sich allein nach dem in der Bestallungsurkunde des Betreuungsgerichts bezeichneten Aufgabenkreis.

Ausgeschlossen ist das Vertretungsrecht des Betreuers bei einem Rechtsgeschäft zwischen seinem Ehegatten, seinem Lebenspartner oder einem seiner Verwandten in gerader Linie und dem Betreuten, es sei denn, dass das Rechtsgeschäft ausschließlich in der Erfüllung einer Verbindlichkeit besteht. Dies bedeutet, dass der Betreuer als Vertreter des Betreuten regelmäßig keine Verträge mit seinen Verwandten in gerader Linie, seiner Ehefrau und seinem Lebenspartner abschließen kann.

» Wenn der Betreuer mit seiner Ehefrau, die einen Pflegedienst selbstständig führt, einen Vertrag über die Pflege des Betreuten abschließt, ist dieser Vertrag unwirksam.

Unzulässig sind auch sogenannte Insichgeschäfte durch den Betreuer. Der Betreuer kann also nicht wirksam im Namen des Betreuten mit sich selbst in eigenem Namen oder als Vertreter eines Dritten ein Rechtsgeschäft vornehmen, es sei denn, dass das Geschäft ausschließlich in der Erfüllung einer Verbindlichkeit besteht.

» Der Betreuer kann nicht eine Wohnung des Betreuten an sich selbst verkaufen.

Gerichtliche Vertretung

Die Vertretungskompetenz des Betreuers erstreckt sich in dem ihm übertragenen Aufgabenkreis auch auf die gerichtliche Vertretung des Betreuten. Die Vertretung betrifft alle gerichtlichen Verfahren, bei denen ein Anspruch des Betreuten einzuklagen ist oder gegenüber dem Betreuten eingeklagt wird.

3.5.3 Vermögenssorge

Die Vermögenssorge umfasst alle finanziellen Angelegenheiten des Betreuten, unabhängig davon, ob es sich um Vorgänge des Aktivvermögens oder der Schulden handelt. Erfasst werden alle rechtlichen und tatsächlichen Maßnahmen, die darauf gerichtet sind, das Vermögen des Betreuten zu erhalten, zu verwerten und zu vermehren. Die Vermögenssorge umfasst auch die Verfolgung von Ansprüchen des Betreuten (z.B. aus Kauf- oder Mietverträgen) und die Abwehr unberechtigter Ansprüche von dritten Personen (z.B. des Vermieters). Im Rahmen der Vermögenssorge hat der Betreuer Wohl und Wünsche des Betreuten zu beachten.

Vermögensverzeichnis

Bei Aufnahme der Betreuung, die den Aufgabenbereich Vermögenssorge umfasst, hat der Betreuer das Vermögen, das bei der Anordnung der Betreuung vorhanden ist oder später dem Betreuten zufällt, zu verzeichnen und das Verzeichnis dem Betreuungsgericht vorzulegen. Dieses Vermögensverzeichnis bildet zugleich die Grundlage für die spätere Rechnungslegung.

Im Regelfall wird dem Betreuer vom Gericht ein Formular für das Vermögensverzeichnis zur Verfügung gestellt. Anzugeben ist das vorhandene Vermögen, also insbesondere sämtliche Aktiva, Verbindlichkeiten und das Einkommen des Betreuten. Das mit der Versicherung der Richtigkeit und Vollständigkeit versehene Verzeichnis muss der Betreuer beim Berufungsgericht einreichen. Gegebenenfalls kann das Betreuungsgericht die Einreichung des Vermögensverzeichnisses durch Festsetzung eines Zwangsgelds erzwingen.

Wahrnehmung der Vermögensangelegenheiten

Geld des Betreuten (ausgenommen Bargeld), das der Betreuer für dessen Ausgaben benötigt, hat er auf einem Girokonto des Betreuten bei einem Kreditinstitut, das einer ausreichenden Sicherungseinrichtung angehört, bereitzuhalten. Das Konto kann ein bereits bestehendes oder ein neu für den Betreuten zu eröffnendes Girokonto sein.

Für den Betreuer besteht die Pflicht zum bargeldlosen Zahlungsverkehr. Er hat den Zahlungsverkehr für den Betreuten bargeldlos unter Verwendung des für das Verfügungsgeld zu unterhaltenden Girokontos bei einem Kreditinstitut, das einer ausreichenden Sicherungseinrichtung angehört, durchzuführen. Die Pflicht zum bargeldlosen Zahlungsverkehr besteht nicht, soweit Barzahlung im Geschäftsverkehr üblich ist oder vom Betreuten gewünscht wird (z.B. die Bezahlung von Friseur oder Fußpflege im Heim oder sonstige Bargeschäfte des täglichen Lebens).

Der Betreuer muss Geld des Betreuten, das nicht für die Ausgaben benötigt wird, anlegen. Er darf also dieses sogenannte Anlagegeld nicht auf dem Girokonto belassen. Das Anlagegeld soll auf einem zur verzinslichen Anlage geeigneten Konto des Betreuten bei einem Kreditinstitut, das einer ausreichenden Sicherungseinrichtung angehört, angelegt werden.

Depotfähige Wertpapiere des Betreuten muss der Betreuer bei einem Kreditinstitut in Einzel- oder Sammelverwahrung verwahren lassen. Die erstmalige Verwahrung im Depot muss der Betreuer dem Betreuungsgericht unter Angabe von Art, Umfang und Wert der Papiere sowie die sich daraus ergebenden Aufwendungen und Nutzungen anzeigen.

Gerichtliche Genehmigungen

Zur Sicherung der Interessen des Betreuten bedürfen bestimmte wichtige Rechtsgeschäfte und Rechtshandlungen der Genehmigung des Betreuungsgerichts.

Grundstücksgeschäfte

Verfügungen des Betreuers über ein Grundstück oder über ein Recht an einem Grundstück des Betreuten (z.B. Nießbrauch, Dienstbarkeit) sind genehmigungspflichtig. Dazu gehört insbesondere die Veräußerung eines Grundstücks. Vor dem Verkauf muss ein Sachverständigengutachten über den Wert der Immobilie von einem öffentlich vereidigten Sachverständigen eingeholt werden. Auch die Bestellung von Grundschulden und Hypotheken bedarf der Genehmigung des Betreuungsgerichts.

Achtung: Die gerichtliche Genehmigung ist Voraussetzung für die Wirksamkeit des Rechtsgeschäfts. Ohne Genehmigung trägt das Grundbuchamt den Eigentumswechsel nicht ins Grundbuch ein.

Sonstige genehmigungspflichtige Rechtsgeschäfte

Neben Grundstücksgeschäften ist für bestimmte andere wichtige Geschäfte des Betreuers die Genehmigung des Betreuungsgerichts erforderlich. Dazu gehören

- die Abhebung oder Überweisung von Geld des Betreuten von einem Konto, bei dem ein Sperrvermerk besteht;
- die Verfügung über Forderungen und Wertpapiere des Betreuten im Wert von über 3.000,– €, so etwa der Verzicht auf Schadensersatz oder die Auflösung eines Girokontos;
- Verfügungen über das gesamte Vermögen des Betreuten;
- die Ausschlagung einer Erbschaft oder eines Vermächtnisses oder der Verzicht auf einen Pflichtteil;
- Kreditaufnahmen und Schuldverschreibungen.

Achtung: Auch in diesen Fällen ist die Genehmigung des Betreuungsgerichts Voraussetzung für die Wirksamkeit des Rechtsgeschäfts.

Rechnungslegung

Der Betreuer, dessen Aufgabenbereich die Vermögensangelegenheiten des Betreuten umfasst, muss über seine Vermögensverwaltung dem Betreuungsgericht unaufgefordert Rechnung legen. Erfasst ist dabei nur das Vermögen, das seiner Verwaltung oder Mitverwaltung (z.B. bei einer Erbengemeinschaft) unterliegt, nicht hingegen das Vermögen, das der Betreute selbst verwaltet oder das kraft Gesetzes von Dritten verwaltet wird (z.B. durch einen Testamentsvollstrecker).

> **!** Verwandte in gerader Linie (z.B. Eltern, Kinder), Geschwister oder der Ehegatte des Betreuten, der Betreuungsverein oder ein Vereinsbetreuer, die Betreuungsbehörde oder ein Behördenbetreuer sind von oben genannten Beschränkungen befreit. Sie haben dem Betreuungsgericht jährlich eine Übersicht über den Bestand des ihrer Verwaltung unterliegenden Vermögens des Betreuten (Vermögensübersicht) einzureichen.

Grundsätzlich ist jährlich Rechnung zu legen, wobei das Rechnungsjahr vom Betreuungsgericht bestimmt wird. Die Rechnungslegung umfasst eine geordnete Zusammenstellung der Einnahmen und Ausgaben und den Ab- und Zugang des vom Betreuer verwalteten Vermögens. Das Betreuungsgericht kann Einzelheiten zur Erstellung der geordneten Zusammenstellung bestimmen: die Vermögensaufstellung zu Beginn des Abrechnungszeitraums, die Aufstellung am Ende des Zeitraums und die geordnete Zusammenstellung der Einnahmen und Ausgaben.

Grundsätzlich müssen sämtliche Einnahmen und Ausgaben der vom Betreuer verwalteten Konten nachgewiesen werden (z.B. durch Quittungen, Rechnungen, Durchschriften von Überweisungsaufträgen). Das Betreuungsgericht kann allerdings in geeigneten Fällen auf die Vorlage von Belegen verzichten

3.5.4 Gesundheitssorge

Die Gesundheitssorge umfasst die gesamte medizinische, medikative und pflegerische Versorgung des Betreuten. Sie beinhaltet im Bereich der medizinischen Behandlung entstehende Entscheidungen, die der Betroffene selbst nicht mehr treffen kann, auch wenn aufgrund des Krankheitsbildes eine Wiederherstellung der Gesundheit nicht mehr zu erreichen ist.

Im Mittelpunkt der Gesundheitssorge stehen Entscheidungen über ärztliche Untersuchungen des Gesundheitszustands des Betreuten, Eingriffe und Heilbehandlungen. Dabei hat der Betreuer insbesondere auch die Gesundheit und die körperliche Unversehrtheit des

Betreuten zu schützen. In diesem Zusammenhang kommt auch einer vom Betroffenen errichteten Patientenverfügung besondere Bedeutung zu. Im Übrigen ist zu beachten, dass bei bestimmten ärztlichen Maßnahmen die Zustimmung des Betreuungsgerichts erforderlich ist.

Umfang der Gesundheitssorge

Die Gesundheitssorge beinhaltet mehrere Aufgaben. Sie umfasst insbesondere Fragen im Zusammenhang mit ärztlichen Maßnahmen, den Abschluss von Behandlungsverträgen, die Sicherstellung des Krankenversicherungsschutzes, Pflege und Rehabilitation und die Beaufsichtigung der Behandlung und Pflege.

Ärztliche Maßnahmen

In den Aufgabenbereich der Gesundheitssorge fallen ärztliche Maßnahmen wie Heilbehandlungen, Untersuchungen des Gesundheitszustands und ärztliche Eingriffe.

- Heilbehandlungen sind alle Maßnahmen, die auf die Herstellung der Gesundheit, die Beseitigung, Linderung, Besserung oder Verhütung einer Krankheit bzw. ihrer Folgen gerichtet sind. In Betracht kommen u.a. operative, medikamentöse oder physikalische Behandlungen, auch alternative Behandlungsmethoden.
- Untersuchungen des Gesundheitszustands sind Maßnahmen der Diagnose oder Anamnese eines Arztes oder von ärztlichem Hilfspersonal.
- Einen ärztlichen Eingriff stellt jede Maßnahme dar, die nicht eine Heilbehandlung ist, jedoch in den Körper des Betroffenen eingreift (z.B. Schwangerschaftsabbruch).

Achtung: Die Durchführung bestimmter ärztlicher Maßnahmen bedürfen neben der Einwilligung des Betreuers der Genehmigung des Betreuungsgerichts (vgl. dazu unten).

Sicherstellung des Krankenversicherungsschutzes

Der Betreuer hat dafür Sorge zu tragen, dass der Betreute krankenversichert ist. Erst durch die Krankenversicherung erwirbt der Betreute umfassende Leistungsansprüche in einer unbestimmten Zahl von künftigen Behandlungsfällen. Die Krankenversicherung schafft mithin die Voraussetzung dafür, dass der Betreuer seine Aufgabe, für konkrete Gesundheitsmaßnahmen des Betreuten zu sorgen, dauerhaft nachkommen kann.

Abschluss von Behandlungsverträgen

Zur Gesundheitssorge gehört auch der Abschluss von Behandlungsverträgen durch den Betreuer. In Betracht kommen Verträge über Krankenhausaufenthalte oder Aufenthalte in anderen Einrichtungen, die der medizinischen Behandlung des Betreuten dienen, ferner Behandlungsverträge mit niedergelassenen Ärzten. Nur wenn der Betreute geschäftsfähig ist, kann er einen Behandlungsvertrag selbst abschließen. Ist der Betroffene nicht geschäftsfähig, kann nur der Betreuer als gesetzlicher Vertreter den Vertrag wirksam abschließen.

Pflege und Rehabilitation

Im Rahmen der Gesundheitssorge obliegt es dem Betreuer auch, für die hinreichende Pflege und gegebenenfalls Rehabilitation des Betreuten zu sorgen. Zu den Aufgaben des Betreuers gehört es, entsprechende Anträge auf Sach- oder Geldleistungen bei Krankenkassen, Pflege- und Rentenversicherungen, Sozial- und Versorgungsämtern zu stellen, um sicherzustellen, dass entsprechende Maßnahmen für den Betreuten ergriffen und finanziert werden können. Wesentlicher Bestandteil der Gesundheitssorge ist dabei insbesondere auch die Vertretung des Betreuten gegenüber Behörden sowie der Kranken- und Pflegeversicherung.

Beaufsichtigung von Behandlung und Pflege

Der Betreuer hat medizinische Behandlungen oder pflegerischen Maßnahmen zu beaufsichtigen und bei Mängeln Abhilfe zu schaffen. Er hat die Rechte des Betreuten wahrzunehmen und Ansprüche des Betreuten wegen Behandlungsfehlern oder Pflegemängeln geltend zu machen. Er muss Schadensersatz- oder Schmerzensgeldansprüche des Betreuten gegenüber dem Krankenhaus, dem Heim, Ärzten oder dem Pflegedienst geltend machen und gegebenenfalls gerichtlich durchsetzen. Bei Pflegemängeln in einem Heim oder einer Rehabilitationseinrichtung obliegt es dem Betreuer, die Verlegung des Betroffenen in eine andere Einrichtung zu veranlassen.

Pflichten des Betreuers

Mit der Übertragung des Aufgabenbereichs Gesundheitssorge erlangt der Betreuer die Vertretungsmacht für alle Rechtsgeschäfte, die erforderlich sind, um für die Gesundheit des Betreuten sorgen zu können.

Achtung: Ärztliche Maßnahmen dürfen nur mit Zustimmung des Patienten vorgenommen werden. Andernfalls stellen sie einen rechtswidrigen und strafbaren Eingriff in die körperliche Unversehrtheit des Betroffenen dar. Ist die betreute Person einwilligungsfähig, das heißt, kann sie Art, Bedeutung und Tragweite der beabsichtigten Maßnahme erfassen, kann der Betreuer nicht anstelle des Betroffenen über die beabsichtigte Maßnahme entscheiden. Nur wenn die betreute Person nicht einwilligungsfähig ist, hat der Betreuer über die Einwilligung in die medizinische Maßnahme zu entscheiden.

Wenn eine Patientenverfügung vorliegt

Besondere Pflichten treffen den Betreuer, zu dessen Aufgabenbereich die Entscheidung über eine Untersuchung, eine Heilbehandlung oder einen ärztlichen Eingriff gehört, wenn der Betreute eine Patientenverfügung errichtet hat. Einer schriftlich niedergelegten, den konkreten Fall betreffenden Patientenverfügung des Betreuten muss der Betreuer Ausdruck und Geltung verschaffen. Voraussetzung ist allerdings, dass der Betroffene einwilligungsunfähig geworden ist. Dann muss der Betreuer prüfen, ob die Festlegungen in der Patientenverfügung auf die konkrete Lebens- und Behandlungssituation zutreffen oder nicht. Ist dies der Fall, ist der Betreuer verpflichtet, bei Ärzten und Pflegepersonal auf die Beachtung der Patientenverfügung hinzuwirken. Wegen des Vorrangs der Patientenverfügung vgl. 3.5.1.

Wenn keine Patientenverfügung vorliegt

Liegt keine Patientenverfügung vor oder treffen die Festlegung in der Verfügung nicht auf die aktuelle und konkrete Lebens- und Behandlungssituation zu, hat der Betreuer die Behandlungswünsche des Betreuten oder seinen mutmaßlichen Willen festzustellen und auf dieser Grundlage zu entscheiden. Dabei muss der mutmaßliche Behandlungswille aufgrund konkreter Anhaltspunkte ermittelt werden. Keine Rolle dürfen Spekulationen spielen. Als aussagekräftig gelten frühere mündliche oder schriftliche Äußerungen des Betreuten, seine ethischen oder religiösen Überzeugungen und sonstige Wertvorstellungen. Wenn trotz Ausschöpfung aller verfügbarer Quellen der Wille des Betreuten auf Durchführung oder Nichtdurchführung oder Beendigung einer ärztlichen Maßnahme nicht ermittelt werden kann, muss sich die Entscheidung des Betreuers am Wohl des Betreuten orientieren.

Gerichtliche Genehmigung bei ärztlichen Maßnahmen

Verfügt der Betreute noch über die erforderliche Einwilligungsfähigkeit, entscheidet er darüber, ob eine ärztliche Maßnahme durchgeführt wird oder nicht. Seine Einwilligung oder die Versagung der Einwilligung bedarf weder der Genehmigung des Betreuers noch des Betreuungsgerichts. Obliegt allerdings die Einwilligung in einen ärztlichen Eingriff dem Betreuer oder einer vom Betroffenen bevollmächtigten Person, darf die ärztliche Maßnahme erst durchgeführt werden, wenn der Betreuer bzw. Bevollmächtigte ihr zugestimmt hat und die Maßnahme vom Betreuungsgericht genehmigt wurde. Der Genehmigungspflicht unterliegen jedoch nur lebensgefährliche bzw. mit dem Risiko schwerer und länger dauernder gesundheitlicher Schäden verbundene bzw. zur Vermeidung solcher Schäden dienende Eingriffe.

Achtung: Eine solche Genehmigung ist jedoch nicht erforderlich, wenn zwischen Betreuer und behandelndem Arzt Einvernehmen darüber besteht, dass die Erteilung, die Nichterteilung oder der Widerruf der Einwilligung den Behandlungswünschen oder dem mutmaßlichen Willen des Betreuten entspricht. Eine Entscheidung des Betreuungsgerichts wird demnach dann zwingend notwendig, wenn zwischen dem Betreuer und dem behandelnden Arzt, der bestimmte Maßnahmen für medizinisch indiziert hält, über die Erteilung, die Nichterteilung oder den Widerruf der Einwilligung unterschiedliche Auffassungen bestehen.

Genehmigung der Einwilligung in gefährliche ärztliche Eingriffe

Die Einwilligung des Betreuers in eine Untersuchung des Gesundheitszustands, eine Heilbehandlung oder einen ärztlichen Eingriff bedarf der Genehmigung des Betreuungsgerichts, wenn die begründete Gefahr besteht, dass der Betreute aufgrund der Maßnahme stirbt oder einen schweren und länger dauernden gesundheitlichen Schaden erleidet. Ohne die Genehmigung darf die Maßnahme nur durchgeführt werden, wenn mit dem Aufschub Gefahr verbunden ist.

» Genehmigungspflichtig sind operative Eingriffe am Herzen des Betreuten, Transplantationen von fremden Organen, Kehlkopfoperationen bei der Gefahr des Verlusts der Sprachfähigkeit, Amputationen.

Ist im Hinblick auf eine Untersuchung des Gesundheitszustands, eine Heilbehandlung oder einen ärztlichen Eingriff zu befürchten, dass der Betreute stirbt oder einen schweren oder länger dauernden gesundheitlichen Schaden erleidet, so darf die Maßnahme ohne Genehmigung des Betreuungsgerichts nur durchgeführt werden, wenn mit dem Aufschub Gefahr verbunden ist.

Genehmigung der Verweigerung der Einwilligung in ärztliche Eingriffe

Auch die Nichteinwilligung oder der Widerruf der Einwilligung des Betreuers in eine Untersuchung des Gesundheitszustands, eine Heilbehandlung oder einen ärztlichen Eingriff bedarf der Genehmigung des Betreuungsgerichts, wenn die Maßnahme medizinisch angezeigt ist und die begründete Gefahr besteht, dass der Betreute aufgrund des Unterbleibens oder des Abbruchs der Maßnahme stirbt oder einen schweren und länger dauernden gesundheitlichen Schaden erleidet. Die medizinischen Risiken sind dieselben wie bei der Genehmigung der Einwilligung in ärztliche Eingriffe (vgl. oben).

Gerichtliche Entscheidung

Das Betreuungsgericht muss die Genehmigung erteilen, wenn die Einwilligung, die Nichteinwilligung oder der Widerruf der Einwilligung dem Willen des Betreuten entspricht.

- Hat der Betreute eine wirksame Patientenverfügung errichtet, hat das Betreuungsgericht die dortigen Festlegungen zu berücksichtigen, wenn diese auf die aktuelle Lebens- und Behandlungssituation zutreffen. In diesem Fall genehmigt das Betreuungsgericht die Entscheidung des Betreuers, wenn diese dem Willen des Patienten entspricht.
- Fehlt eine wirksame Patientenverfügung oder trifft sie nicht auf die aktuelle Lebens- und Behandlungssituation zu, ist der mutmaßliche Wille des Betreuten zu ermitteln. Ist dieser nicht

feststellbar, ist für die Entscheidung das Wohl des Betreuten maßgebend. Auf diesen Grundlagen überprüft das Betreuungsgericht die Entscheidung des Betreuers.

3.5.5 Wohnungsangelegenheiten

Die Wohnung als räumlicher Mittelpunkt des Lebens ist für den Betreuten von überragender Bedeutung. Sie unterliegt deshalb einem besonderen betreuungsrechtlichen Schutz. Die Übertragung des Aufgabenbereichs Wohnungsangelegenheiten an einen Betreuer kommt vor allem dann in Betracht, wenn der Betroffene wegen Krankheit oder Behinderung seine Wohnungsangelegenheiten nicht mehr organisieren oder sich die Wohnung nicht mehr leisten kann und deshalb erheblicher Schaden droht.

» Die Bestellung eines Betreuers für Wohnungsangelegenheiten ist erforderlich, wenn die betroffene Person nicht imstande ist, gesundheitsgefährdende Zustände in ihrer Wohnung selbst zu beseitigen.

Umfang des Aufgabenbereichs

Zum Aufgabenbereich Wohnungsangelegenheiten gehören insbesondere alle Maßnahmen zur Sicherung und Erhaltung der Wohnung. Dazu zählen u.a.

- die Hilfe bei der Wohnungssuche,
- der Abschluss von Wohnungsmietverträgen,
- die Vertretung des Betreuten bei Fragen rund um das Mietverhältnis (z.B. Geltendmachung einer Mietminderung, Beanstandung einer Betriebsabrechnung, Widerspruch gegen Kündigung wegen sozialer Härte),
- die Sicherstellung der Finanzierung der finanziellen Verpflichtungen aus dem Mietverhältnis (z.B. Anträge auf Wohnungeld),

- die Organisation von Reparaturen und der Renovierung der Wohnung,
- die Organisation eines Umzugs in eine andere Wohnung,
- die Kündigung und Auflösung der Wohnung.

Die Anmietung einer Wohnung für den Betreuten durch den Betreuer unterliegt grundsätzlich nicht der gerichtlichen Genehmigungspflicht. Nur wenn das Mietverhältnis über eine längere Zeit als vier Jahre vereinbart werden soll, bedarf der Abschluss des Mietvertrags der Genehmigung des Betreuungsgerichts. Keine Genehmigung ist für den Abschluss eines Mietvertrags erforderlich, der auf unbestimmte Zeit, also unbefristet laufen soll, und jederzeit unter Einhaltung der gesetzlichen Kündigungsfristen gekündigt werden kann.

Aufgabe der Wohnung

Das Gesetz schützt die Wohnung als räumlichen Mittelpunkt der Lebensverhältnisse des Betreuten einmal dadurch, dass der Betreuer zur Kündigung eines Wohnungsmietverhältnisses der Genehmigung des Betreuungsgerichts bedarf. Zum anderen erfolgt ein Schutz des Betreuten dahin gehend, dass der Betreuer Umstände, aufgrund derer die Beendigung des Mietverhältnisses durch den Vermieter in Betracht kommen, dem Betreuungsgericht unverzüglich mitzuteilen hat.

Wohnungsaufgabe durch den Mieter

Die vom Betreuten angemietete Wohnung darf der Betreuer nur mit Genehmigung des Betreuungsgerichts kündigen. Die betreuungsrechtliche Genehmigung muss vor der Kündigung gegenüber dem Vermieter eingeholt werden. Das Berufungsgericht hat den Betreuten persönlich anzuhören, es sei denn, es sind erhebliche gesundheitliche Nachteile für den Betroffenen zu besorgen oder dieser ist offenkundig nicht in der Lage, seinen Willen kundzutun.

Anzeigepflicht des Betreuers

Die Beendigung des Mietverhältnisses aufgrund anderer Umstände (z.B. Kündigung oder Räumungsklage durch den Vermieter) muss der Betreuer dem Betreuungsgericht unverzüglich mitteilen, wenn sein Aufgabenbereich das Mietverhältnis oder die Aufenthaltsbestimmung betrifft. Das gilt auch, wenn der Betreuer Wohnraum des Betreuten auf andere Weise als durch Kündigung oder Aufhebung eines Mietverhältnisses aufgeben will; als eine solche Maßnahme kommen beispielsweise die Veräußerung des Hausrats oder die Kündigung des Bezugs von Wasser, Strom und Gas in Betracht.

3.5.6 Aufenthaltsbestimmungsrecht

Der Aufgabenbereich Aufenthaltsbestimmung ist Bestandteil der Personensorge, insbesondere der Wohnungsangelegenheiten. Das Aufenthaltsbestimmungsrecht erlaubt es dem Betreuer, grundsätzlich festzulegen, wo sich die betreute Person tatsächlich aufhalten soll. Der Betreuer ist dabei allerdings an die Wünsche des Betreuten gebunden. Gegen den freien Willen des Betreuten ist ein Aufenthaltswechsel nur unter den Voraussetzungen einer freiheitsentziehenden Maßnahme zulässig (vgl. dazu 3.6).

Zum Aufgabenbereich Aufenthaltsbestimmung gehören insbesondere alle Maßnahmen, die sich auf den Wohnsitz und den tatsächlichen Aufenthalt des Betroffenen im eigenen Wohnraum, in einem Pflege- und Altersheim oder in einer geschlossenen Einrichtung beziehen. Dau zählen u.a.

- die Kündigung des Mietvertrags,
- die Auflösung der Wohnung,
- die Suche einer neuen Wohnung,
- die Unterbringung in einem Heim,
- der Abschluss eines neuen Mietvertrags oder eines Heimvertrags,
- Tätigkeiten im Zusammenhang mit einer neuen Wohnung (z.B. Besichtigung der Wohnung oder einer stationären Einrichtung, Umstellung der häuslichen Pflege auf Pflege in einem Heim),

- die freiheitsentziehende Unterbringung oder unterbringungsähnliche Maßnahme (Näheres dazu unter 3.6.),
- die Wahrnehmung der melderechtlichen Verpflichtungen,
- die Vertretung in Ausweisangelegenheiten.

3.5.7 Vertretung gegenüber Behörden und Gerichten

In seinem Aufgabenkreis vertritt der Betreuer den Betreuten gerichtlich und außergerichtlich. Der Betreuer hat die Stellung eines gesetzlichen Vertreters. Die gesetzliche Vertretungsmacht des Betreuers ist Wesensmerkmal der Betreuung. Soweit andere Hilfen ausreichen, ist eine Betreuung nicht zulässig.

Vertretung gegenüber Behörden

Der Betreuer vertritt im Rahmen seines Aufgabenkreises den Betreuten gegenüber Ämtern und Behörden. In der Praxis hat der Aufgabenbereich Vertretung gegenüber Behörden kaum eine eigenständige Bedeutung. Die Vertretungskompetenz besteht vielmehr im Zusammenhang mit anderen Aufgabenbereichen des Betreuers, insbesondere der Vermögenssorge, in Wohnungsangelegenheiten, der Gesundheitssorge und der Aufenthaltsbestimmung.

» Der Betreuer mit dem Aufgabenbereich Gesundheitssorge ist verpflichtet, gegenüber der Krankenkasse tätig zu werden, um den Versicherungsschutz des Betreuten sicherzustellen. Im Rahmen des Aufgabenbereichs Aufenthaltsbestimmung obliegt dem Betreuer die melderechtliche An-, Ab- und Ummeldung des Betreuten.

Vertretung vor Gerichten

Gegenüber Gerichten obliegt dem Betreuer insbesondere die Vertretung des Betreuten in Sozial- und Zivilrechtssachen. Unter Umständen kann auch die Vertretung in einzelnen Fragen des Familienrechts in Betracht kommen (z.B. Fragen des Unterhaltsrechts).

3.6 Zwangsmaßnahmen im Rahmen einer Betreuung

Als Zwangsmaßnahmen sind im Rahmen einer Betreuung solche Maßnahmen anzusehen, die gegen bzw. ohne den Willen der betreuten Person durchgeführt werden, weil sie aus gesundheitlichen Gründen notwendig sind. Weil Eingriffe dieser Art mit wichtigen verfassungsrechtlich garantierten Rechten des Betroffenen verbunden sind, sind sie nur unter engen Voraussetzungen und mit gerichtlicher Genehmigung zulässig.

3.6.1 Freiheitsentziehende Unterbringung

Der Betreuer kann den betreuten Menschen unter bestimmten Voraussetzungen zum Wohl des Betroffenen mit gerichtlicher Genehmigung in einer geschlossenen Einrichtung wie etwa einem psychiatrischen Krankenhaus oder in einer geschlossenen Abteilung einer Einrichtung (z.B. eines Krankenhauses oder eines Altenheims) unterbringen.

Begriff

Eine freiheitsentziehende Unterbringung liegt vor, wenn der Betroffene gegen seinen Willen in einem räumlich abgegrenzten Bereich eines geschlossenen Krankenhauses bzw. einer anderen geschlossenen Einrichtung oder eines Teils einer geschlossenen Einrichtung für eine gewisse Dauer festgehalten, sein Aufenthalt ständig überwacht und die Kontaktaufnahme mit anderen Personen außerhalb des Bereichs eingeschränkt wird.

- Eine Unterbringung ist gegeben, wenn die betreute Person in einen anderen Lebensraum verbracht wird. Regelmäßig erfolgt die Unterbringung in einer geschlossenen Einrichtung oder in einer geschlossenen Abteilung einer Einrichtung. Maßgebend ist, dass seine Bewegungsfreiheit eingeschränkt ist. Auch in einer geschlossenen Abteilung einer Alten- oder Pflegeeinrichtung kann die Unterbringung des Betroffenen erfolgen.

- Eine Freiheitsentziehung liegt vor, wenn einer Person gegen ihren Willen oder im Zustand der Willenlosigkeit insbesondere in einer abgeschlossenen Einrichtung, wie einem Gewahrsamsraum oder einem abgeschlossenen Teil eines Krankenhauses, die Freiheit entzogen wird. Von Freiheitsentziehung kann dagegen keine Rede sein, wenn die Unterbringung mit Willen des Betroffenen erfolgt. Dabei ist ein natürlicher Wille ausreichend, wenn eine Einsichtsfähigkeit des Betroffenen in die Tragweite der Maßnahme vorliegt.

Voraussetzungen

Eine Unterbringung des Betreuten durch den Betreuer, die mit einer Freiheitsentziehung verbunden ist, ist nur zulässig, wenn sie zum Wohl des Betreuten erforderlich ist und ein gesetzlich anerkannter Grund vorliegt. Aus dem Erforderlichkeitsgrundsatz folgt insbesondere, dass der Betreute nur untergebracht werden darf, wenn weniger einschneidende Maßnahmen (z.B. eine freiwillige Heilbehandlung) nicht ausreichen. Ferner ergibt sich aus diesem Grundsatz, dass die Unterbringung nicht zulässig ist, wenn sie – insbesondere unter Berücksichtigung ihrer Dauer – außer Verhältnis zu den ohne die Unterbringung drohenden Nachteilen steht. So muss insbesondere bei der Unterbringung zur Heilbehandlung die Schwere des mit der Unterbringung verbundenen Eingriffs mit den gesundheitlichen Schäden abgewogen werden, die ohne die nur bei Unterbringung mögliche Heilbehandlung drohen.

Eine freiheitsentziehende Unterbringung ist zum Wohl des Betreuten zulässig, wenn beim Betreuten die Gefahr einer erheblichen gesundheitlichen Selbstschädigung oder gar Selbsttötung besteht oder wenn ohne die Unterbringung eine notwendige ärztliche Maßnahme nicht durchgeführt werden kann.

Genehmigung des Betreuungsgerichts

Grundsätzlich ist die Unterbringung des Betreuten nur mit Genehmigung des Betreuungsgerichts zulässig. Nur wenn mit dem Aufschub Gefahr verbunden ist, ist die Unterbringung vorübergehend ohne gerichtliche Genehmigung möglich. In diesem Fall muss die Genehmigung unverzüglich nachgeholt werden.

Beendigung der Unterbringung

Die Unterbringung ist nur solange zulässig, wie die gesetzlichen Voraussetzungen erfüllt sind. Sie ist demnach zu beenden, wenn diese Voraussetzungen wegfallen.

Die Pflicht, die Unterbringung gegebenenfalls zu beenden, trifft nicht nur das Betreuungsgericht, sondern auch den Betreuer. Dieser hat die Beendigung der Unterbringung dem Betreuungsgericht anzuzeigen. Das Betreuungsgericht kann auch von sich aus – notfalls auch gegen den Willen des Betreuers – für die Beendigung einer nicht mehr gerechtfertigten Unterbringung Sorge tragen.

3.6.2 Freiheitsentziehende Maßnahmen

Die Ausführungen unter 5.1. gelten auch für sogenannte unterbringungsähnliche Maßnahmen. Dabei handelt es sich um Maßnahmen, durch die dem Betreuten, der sich in einer Anstalt, einem Heim oder einer sonstigen Einrichtung aufhält, ohne geschlossen untergebracht zu sein, durch mechanische Vorrichtungen, Medikamente oder auf andere Weise über einen längeren Zeitraum oder regelmäßig die Freiheit entzogen werden soll. Solche Maßnahmen sind nur zulässig, wenn die gleichen Voraussetzungen wie für die Unterbringung eines Betreuten erfüllt sind.

Genehmigungsbedürftige Maßnahmen

Genehmigungspflichtig sind u.a. folgende freiheitsentziehende Maßnahmen:

- Anbringen eines Bettgitters oder Beckengurts,
- Zwangsjacken,
- Leibgürtel zur Fixierung bei der Körperpflege,
- Fesselungen,
- Verabreichen von Psychopharmaka, die den Betroffenen in einen Dämmerzustand versetzen,
- Verabreichen sedierender Mittel.

Die Verabreichung von Medikamenten fällt nur dann unter eine freiheitsentziehende Maßnahme, wenn diese gezielt eingesetzt werden, um den Betroffenen am Verlassen seines Aufenthaltsorts zu hindern, nicht dagegen, wenn sie zu Heilzwecken eingesetzt werden, selbst wenn sie als Nebenwirkung den Bewegungsdrang des Betroffenen absenken.

Zulässigkeitsvoraussetzungen

Die freiheitsentziehende Maßnahme ist nur zulässig, wenn sie zum Wohl des Betreuten erforderlich ist und ein gesetzlich anerkannter Grund vorliegt. Sie kommt vor allem bei einer Selbstgefährdung des Betroffenen in Betracht. In diesem Zusammenhang muss die Maßnahme auch verhältnismäßig sein, das heißt, sie muss im Vergleich zu anderen Maßnahmen das verhältnismäßigere Mittel zur Abwehr einer Eigengefährdung des Betroffenen sein.

3.6.3 Ärztliche Zwangsmaßnahmen

Ein mit den Aufgabenbereichen Gesundheitssorge und Aufenthaltsbestimmung bestellter Betreuer sieht sich bisweilen vor die Aufgabe gestellt, gegen den Willen des einwilligungsunfähigen Patienten eine ärztliche Maßnahme durchzusetzen. In diesem Zusammenhang stellt sich die Frage, ob bzw. unter welchen Voraussetzungen sogenannte ärztliche Zwangsmaßnahmen betreuungsrechtlich zulässig sind.

Einwilligungsunfähigkeit des Betreuten

Der Betreuer darf nur dann in eine ärztliche Zwangsmaßnahme einwilligen, wenn der Betroffene aufgrund einer psychischen Erkrankung, einer geistigen oder seelischen Behinderung die Notwendigkeit der ärztlichen Maßnahme nicht erkennen oder nicht nach dieser Einsicht handeln kann. Entscheidend ist also, ob der Betroffene Wesen, Art, Bedeutung, Tragweite und Risiken der ärztlichen Maßnahme erfassen, das Für und Wider abwägen und seinen Willen hiernach bestimmen kann. Eine ärztliche Zwangsmaßnahme scheidet aus, wenn sich ein einwilligungsfähiger Betreuter der Maßnahme widersetzt.

Voraussetzungen der Zwangsbehandlung

Eine ärztliche Zwangsmaßnahme darf nur im Rahmen einer geschlossenen Unterbringung stattfinden. Eine ambulante Zwangsbehandlung ist nicht zulässig.

Wie oben dargelegt, darf der Betreuer nur dann in eine ärztliche Zwangsmaßnahme einwilligen, wenn der Betroffene aufgrund einer psychischen Erkrankung, einer geistigen oder seelischen Behinderung die Notwendigkeit der ärztlichen Maßnahme nicht erkennen oder nicht nach dieser Einsicht handeln kann. Darüber hinaus müssen folgende Voraussetzungen vorliegen:

- Der Betreuer hat den Betroffenen vor Durchführung einer ärztlichen Maßnahme zu informieren und ihm die erforderliche Maßnahme verständlich zu machen, um diese wenn möglich im einvernehmlichen Zusammenwirken mit dem Betreuten umzusetzen.

- Die ärztliche Zwangsmaßnahme im Rahmen der Unterbringung muss zum Wohl des Betreuten erforderlich sein, um einen drohenden erheblichen gesundheitlichen Schaden abzuwenden. Von einem erheblichen gesundheitlichen Schaden ist beispielsweise bei Suizidabsichten, bei der Nichteinnahme lebenswichtiger Medikamente oder bei einer mangelnden Nahrungsaufnahme wegen Vergiftungswahn auszugehen.
- Der erhebliche gesundheitliche Schaden darf durch keine andere dem Betreuten zumutbare Maßnahme abgewendet werden können. Es darf also aus der Sicht des Betreuten keine zumutbare andere Behandlungsalternative geben, die das Behandlungsziel ebenso gut wie die ärztliche Zwangsmaßnahme erreichen könnte.
- Der zu erwartende Nutzen der ärztlichen Zwangsmaßnahme muss die zu erwartenden Beeinträchtigungen deutlich überwiegen. Eine Zwangsmaßnahme muss also stets Ultima Ratio sein. Je schwerwiegender der Eingriff ist, umso deutlicher muss der Nutzen für den Betreuten überwiegen.

Gerichtliche Genehmigung

Die Einwilligung in eine ärztliche Zwangsmaßnahme bedarf der Genehmigung des Betreuungsgerichts. Die Genehmigung der Einwilligung oder deren Anordnung darf die Dauer von sechs Wochen nicht überschreiten, wenn sie nicht vorher verlängert wird.

4 Vorsorgevollmacht

Mit der Vorsorgevollmacht können Sie im Voraus einen Vertreter bevollmächtigen, Ihre Angelegenheiten zu erledigen, wenn Sie dies infolge von Krankheit, Unfall oder (altersbedingtem) Nachlassen der geistigen Kräfte selbst nicht mehr oder nur noch teilweise können. Eine solche Vollmacht zur Vorsorge ermöglicht Ihnen ein hohes Maß an Selbstbestimmung für den Fall, dass Sie selbst nicht mehr in der Lage sind, Ihre Angelegenheiten wahrzunehmen. Sie benennen eine oder mehrere Personen Ihres Vertrauens, die bereit sind, für Sie im Bedarfsfall zu handeln. In der Vollmacht können Sie im Einzelnen regeln, für welche Aufgabenbereiche sie gelten und welche Befugnisse der Bevollmächtigte haben soll.

Liegt eine wirksame und ausreichende Vollmacht vor, so darf in ihrem Regelungsbereich vom Betreuungsgericht keine rechtliche Betreuung (wie sie unter 3. vorgestellt wird) angeordnet werden.

4.1 Gründe für die Errichtung einer Vorsorgevollmacht

Wenn Sie aufgrund einer Krankheit oder einer Behinderung Ihre Angelegenheiten ganz oder teilweise nicht selbst besorgen können, so bestellt das Betreuungsgericht einen Betreuer. Dies erfolgt entweder auf Ihren Antrag oder von Amts wegen durch das Betreuungsgericht.

Der Betreuer vertritt Sie dann im Rahmen seines Aufgabenbereichs gerichtlich und außergerichtlich. Er hat Ihre Angelegenheiten so zu besorgen, wie es Ihrem Wohl entspricht. Dazu gehört insbesondere auch, dass Sie im Rahmen Ihrer Fähigkeiten Ihr Leben nach Ihren eigenen Wünschen und Vorstellungen gestalten können, soweit sie Ihrem Wohl nicht zuwiderlaufen.

Ein Betreuer im Rahmen des gesetzlichen Betreuungsverfahrens wird aber nur bestellt, wenn dies notwendig ist, weil Sie ihre Angelegenheiten ganz oder teilweise nicht mehr selbst besorgen können. Die Bestellung eines Betreuers können Sie vermeiden, wenn Sie bereits eine andere Person bevollmächtigt haben oder noch bevollmächtigen können. Und dies gilt nicht nur für Vermögensangelegenheiten, sondern für alle anderen Bereiche, z.B. Gesundheits- oder Wohnangelegenheiten.

! Wenn Sie eine Vorsorgevollmacht erteilen, können Sie die im Vorsorgefall notwendige gerichtliche Bestellung eines Betreuers vermeiden. Sie selbst bestimmen also, welche Person Ihres Vertrauens als Ihr Vertreter handeln soll. Damit haben Sie Gelegenheit, eine im Betreuungsfall für Sie handelnde Person Ihres Vertrauens zu bestimmen, die bei Entscheidungen viel eher Ihre individuellen Wünsche und Vorstellungen kennt und berücksichtigen wird.

Auch junge Menschen sollten eine Vorsorgevollmacht errichten, weil jeder in die Situation geraten kann, in der andere für ihn handeln und entscheiden müssen. So kann z.B. ein Unfall zur Folge haben, dass der Betroffene selbst nicht mehr handlungsfähig ist. Nur solange der Betroffene minderjährig ist, können seine Eltern als gesetzliche Vertreter für ihn entscheiden. Nach Eintritt der Volljährigkeit endet jedoch das gesetzliche Vertretungsrecht der Eltern. Dann ist es sinnvoll, durch eine Vollmacht Vorsorge für den Fall zu treffen, dass man seine Angelegenheiten nicht mehr selbst besorgen kann.

! Zwar können Sie sich in Ihrer Patientenverfügung zu Ihren Wünschen einer medizinischen Versorgung, insbesondere über den Beginn oder die Fortsetzung einer lebenserhaltenden Behandlung äußern, wenn Sie nicht mehr in der Lage sind, selbst zu entscheiden. Sie sollten jedoch gewährleisten, dass dieser Wille im Zweifel auch von jemandem zur Geltung gebracht werden kann und durchgesetzt wird. Sinnvoll ist es deshalb, die Patientenverfügung mit der Vorsorgevollmacht zu kombinieren.

Damit haben Sie die Möglichkeit, eine oder mehrere Personen Ihres Vertrauens rechtlich in die Lage zu versetzen, Entscheidungen im Sinne der von Ihnen in Ihrer Patientenverfügung getroffenen Festlegungen zu treffen.

4.2 In sechs Schritten zur Vorsorgevollmacht

Wenn Sie eine Vorsorgevollmacht errichten wollen, müssen Sie sich dafür ausreichend Zeit nehmen. Planen Sie Ihre Vorsorgeverfügung sorgfältig und gründlich. Dabei können Sie in folgenden Schritten vorgehen:

- **Schritt 1 – Information und Beratung:** Machen Sie sich schlau. Informieren Sie sich umfassend. Befassen Sie sich zunächst mit dem möglichen Inhalt und den Formalitäten der Vorsorgevollmacht.
- **Schritt 2 – Zu regelnde Angelegenheiten:** Überlegen Sie, welche Angelegenheiten Sie unbedingt geregelt wissen wollen, wenn Sie nicht mehr entscheidungsfähig sind (z.B. Vermögens- und Gesundheitsangelegenheiten, Vertretung gegenüber Ämtern, Behörden und Versicherungen). Erstellen Sie eine Liste über diese Angelegenheiten.
- **Schritt 3 – Vertrauensperson:** Überlegen Sie, welcher Person Ihres Vertrauens Sie die Ihnen wichtigen Angelegenheiten anvertrauen wollen. Fragen Sie die betreffende Person, ob sie damit einverstanden ist, dass Sie ihr Vollmacht erteilen. Wenn Sie keine Vertrauensperson haben, die für die Aufgabe geeignet ist, sollten Sie zunächst auf eine Vorsorgevollmacht verzichten und eine Betreuungsverfügung verfassen.
- **Schritt 4 – Vorsorgevollmacht verfassen:** Verfassen Sie den ersten Entwurf einer Vorsorgevollmacht. Dabei können Sie zunächst auf Textbausteine zu den wichtigsten Themen zurückgreifen. Prüfen Sie dann, welche weiteren Angelegenheiten Sie Ihrer Vertrauensperson für den Fall der Fälle übertragen wollen. Errichten Sie

dann die endgültige Fassung Ihrer Vorsorgevollmacht schriftlich, unterschreiben Sie Ihre Verfügung und geben Sie Ort und Datum an.

- **Schritt 5 – Aufbewahrung und Registrierung:** Sorgen Sie dafür, dass Sie Ihre Vollmacht so aufbewahren, dass der Bevollmächtigte im Bedarfsfall auf sie zugreifen kann und lassen Sie die Vollmacht registrieren.
- **Schritt 6 – Vereinbarung zwischen Vollmachtgeber und Bevollmächtigtem:** Regeln Sie Einzelheiten zu Ihren Wünschen zur Umsetzung der Vorsorgevollmacht in einer schriftlichen Vereinbarung mit Ihrem Bevollmächtigten.

---

10 wichtige Regeln für Ihre Vorsorgevollmacht

- Als Vollmachtgeber müssen Sie unbeschränkt geschäftsfähig sein. Das heißt, Sie müssen das 18. Lebensjahr vollendet haben. Ferner darf keine krankhafte Störung der Geistestätigkeit vorliegen.
- Wenn Zweifel an der Geschäftsfähigkeit des Vollmachtgebers bestehen, empfiehlt es sich, die Vorsorgevollmacht notariell beurkunden zu lassen.
- Grundsätzlich bedarf Ihre Vorsorgevollmacht keiner besonderen Form. Sie sollten die Vollmacht aber unbedingt schriftlich abfassen, da nur eine schriftliche Vollmacht aussage- und beweiskräftig ist.
- Wenn Sie Ihren Bevollmächtigten berechtigen, in eine Untersuchung des Gesundheitszustands, eine Heilbehandlung oder einen ärztlichen Eingriff einzuwilligen, bedarf dies der Schriftform. Schriftform ist auch dann notwendig, wenn der Bevollmächtigte gegebenenfalls über Ihre Unterbringung mit freiheitsentziehender Wirkung oder über freiheitsentziehende Maßnahmen (z.B. Anbringung eines Bettgitters) in einem Heim oder in einer sonstigen Einrichtung entscheiden darf.

- Zwingend notwendig ist die notarielle Beurkundung der Vollmacht, wenn diese sich auch auf die Vornahme von Grundstücksgeschäften erstrecken soll.
- Banken akzeptieren häufig nur ihre kontoeigenen Bank- und Kontovollmachten. Die Form dieser Vollmachten sollten Sie deshalb mit Ihrer Bank besprechen.
- Aus der Vollmacht müssen der Vollmachtgeber und der Bevollmächtigte (möglichst jeweils mit Vor- und Familiennamen, Geburtsdatum und aktueller Adresse) hervorgehen.
- Ihre Vorsorgevollmacht sollte immer ausdrücklich bestimmte Bereiche aufführen. Nicht zu empfehlen ist eine »Generalvollmacht«, die eine »Vertretung in allen rechtlichen Bereichen« vorsieht und keine Bereiche einzeln aufführt.
- Vollmachtgeber und Bevollmächtigter sollten unter Angabe von Ort und Datum unterschreiben.
- Der Bevollmächtigte benötigt bei einer schriftlich erteilten Vollmacht das Original der Vollmacht, wenn er für Sie handeln soll. Am einfachsten ist es deshalb, dem Bevollmächtigten das Original auszuhändigen. Dann müssen Sie mit ihm vereinbaren, unter welchen Bedingungen er tätig werden darf.

4.3 Generalvollmacht als Vorsorge für den Betreuungsfall?

Eine Generalvollmacht ist eine umfassende Vollmacht, die grundsätzlich zur Stellvertretung in allen rechtlichen Angelegenheiten ermächtigt. Wenn Sie umfassend für den Betreuungsfall vorsorgen wollen, genügt es nicht, wenn Sie eine Generalvollmacht erteilen. Eine solche Vollmacht, mit der Sie eine Person Ihres Vertrauens »zur Vertretung in allen Angelegenheiten« ermächtigen, deckt nämlich mehrere für die Altersvorsorge wichtige Fälle nicht ab.

Einerseits empfiehlt es sich, in der Vollmacht die Angelegenheiten genau zu bezeichnen, für die eine Vertretungsbefugnis erteilt werden soll. Zum anderen verlangt das Gesetz, dass bestimmte Befugnisse des Bevollmächtigten in einer schriftlichen Vollmacht ausdrücklich bezeichnet werden. In diesen Fällen reicht also eine Generalvollmacht, die zur Vertretung in allen Angelegenheiten ermächtigt, nicht aus. So deckt eine Generalvollmacht etwa die Zustimmung zu einer ärztlichen Untersuchung, einer Heilbehandlung oder einem medizinischen Eingriff, wenn hierbei Lebensgefahr besteht oder ein schwerer, länger andauernder Gesundheitsschaden zu erwarten ist, oder die Einwilligung zu einer zu Ihrem Schutz notwendigen geschlossenen Unterbringung oder in eine andere freiheitsbeschränkende Maßnahme (z.B. ein Bettgitter) nicht ab.

! Verzichten Sie auf eine Generalvollmacht. Errichten Sie eine Vorsorgevollmacht, die Ihren persönlichen Bedürfnissen entspricht. Regeln Sie daneben in einer besonderen Vereinbarung mit dem Bevollmächtigten, wann dieser von der Vollmacht Gebrauch machen darf und wie Sie sich in bestimmten Situationen Ihre Vertretung vorstellen.

4.4 Voraussetzungen für eine wirksame Vorsorgevollmacht

Ihre Vorsorgevollmacht ist nur wirksam, wenn verschiedene Voraussetzungen erfüllt sind. Sie selbst als Vollmachtgeber müssen bestimmte persönliche Voraussetzungen erfüllen. Das gilt auch für die bevollmächtigte Person. Und weil Ihr Bevollmächtigter für die wirksame Vertretung eine Vollmachtsurkunde vorlegen muss, sollten Sie die Vollmacht schriftlich errichten. Und bestimmte Angelegenheiten können vom Bevollmächtigten nur wahrgenommen werden, wenn die Vollmacht notariell beurkundet oder die Unterschrift des Vollmachtgebers öffentlich beglaubigt wurde.

4.4.1 Geschäftsfähigkeit des Vollmachtgebers

Als Vollmachtgeber müssen Sie zum Zeitpunkt der Erteilung der Vorsorgevollmacht unbeschränkt geschäftsfähig sein. Das heißt, Sie müssen das 18. Lebensjahr vollendet haben. Ferner darf kein die freie Willensbildung ausschließender Zustand krankhafter Störung der Geistestätigkeit vorliegen. Diese Feststellung der Geschäftsunfähigkeit kann im Streitfall nur durch einen Richter getroffen werden.

Im Normalfall ist bei einer volljährigen Person von bestehender Geschäftsfähigkeit auszugehen. Wird der Vollmachtgeber zu einem späteren Zeitpunkt geschäftsunfähig, bleibt die Vollmacht wirksam bestehen.

! Wenn Sie als Vollmachtgeber Zweifeln an Ihrer Geschäftsfähigkeit begegnen wollen, können Sie sicherheitshalber von einem Notar Ihre Geschäftsfähigkeit bestätigen lassen.

4.4.2 Anforderungen an den Bevollmächtigten

Der Bevollmächtigte muss geschäftsfähig sein, allerdings reicht die beschränkte Geschäftsfähigkeit aus. Er kann also auch unter 18 Jahre alt sein. Besser ist jedoch die volle Geschäftsfähigkeit. In diesem Fall ist gewährleistet, dass die betreffende Person alle übertragenen Aufgaben wirksam erfüllen kann.

4.4.3 Formale Anforderungen

Eine bestimmte Form ist bei der Erteilung einer Vorsorgevollmacht grundsätzlich nicht vorgeschrieben. Allerdings ist aus Beweisgründen dringend anzuraten, die Vorsorgevollmacht schriftlich zu errichten, weil sich bei mündlich erteilten Vollmachten stets das Problem stellt, wie der Bevollmächtigte beweisen soll, dass er tatsächlich bevollmächtigt ist.

Achtung: Ausdrücklich Schriftform ist für die Erteilung der Vorsorgevollmacht gesetzlich vorgeschrieben, wenn der Bevollmächtigte in eine Untersuchung des Gesundheitszustands des Vollmachtgebers, in eine Heilbehandlung oder einen ärztlichen Eingriff einwilligen darf, wenn die begründete Gefahr besteht, dass der Vollmachtgeber aufgrund der Maßnahme stirbt oder einen schweren und länger dauernden gesundheitlichen Schaden erleidet. Auch in eine Unterbringung mit Freiheitsentzug und über Freiheitsbeschränkungen wie Bettgitter, Fixierungen und Ruhigstellung mit Medikamenten darf der Bevollmächtigte nur mit einer ausdrücklichen schriftlichen Vollmacht einwilligen, ebenso in die Durchführung einer ärztlichen Zwangsmaßnahme.

Ihre schriftliche Vorsorgevollmacht können Sie auch mit PC schreiben, sie von einer anderen Person schreiben lassen oder sich eines geeigneten Vordrucks bedienen. Aus der Vollmacht müssen aber der Vollmachtgeber und der Bevollmächtigte (möglichst jeweils mit Vornamen und Familiennamen, Geburtsdatum und aktueller Adresse) hervorgehen. Sie müssen Ihre Vorsorgevollmacht eigenhändig unterschreiben. Ferner sollten Sie den Ort und das Datum ihrer Errichtung angeben.

Achtung: Banken und Sparkassen akzeptieren häufig nur ihre kontoeigenen Bank- und Kontovollmachten. Die Form dieser Vollmachten sollten Sie deshalb mit Ihrer Bank besprechen. Zusätzlich zu einer Vorsorgevollmacht empfiehlt es sich daher, eine Bank- und Kontovollmacht nochmals separat auszustellen.

Unter Umständen bedarf eine Vorsorgevollmacht für ihre Wirksamkeit der notariellen Beurkundung oder der öffentlichen Beglaubigung.

Notwendigkeit der öffentlichen Beglaubigung

Die öffentliche Beglaubigung ist eine Bestätigung darüber, dass die Unterschrift unter einer Erklärung in Gegenwart einer befugten Urkundsperson zum angegebenen Zeitpunkt von dem Erklärenden vollzogen oder als die eigene anerkannt worden ist. Sie bestätigt ferner, dass die im Beglaubigungsvermerk namentlich aufgeführte Person und der Erklärende identisch sind.

! Ihre Unterschrift unter Ihrer Vorsorgevollmacht können Sie kostengünstig durch die Betreuungsbehörde beglaubigen lassen. Selbstverständlich kann auch jeder Notar Ihre Unterschrift öffentlich beglaubigen. In einigen Bundesländern (z.B. in Baden-Württemberg und Rheinland-Pfalz) kann eine Unterschrift auch durch andere Behörden (z.B. Gemeindeverwaltung) beglaubigt werden.

- Damit der Bevollmächtigte Grundstücksgeschäfte gegenüber dem Grundbuchamt vollziehen kann, ist die öffentliche Beglaubigung der Vorsorgevollmacht erforderlich, um die Vollmacht gegenüber dem Grundbuchamt nachweisen zu können.
- Eine öffentlich beglaubigte Vollmacht ist erforderlich, wenn die bevollmächtigte Person Erklärungen gegenüber dem Handelsregister abgeben soll.
- Die Ermächtigung des Bevollmächtigten zur Erbausschlagung (z.B. wegen Überschuldung des Nachlasses) oder die Anfechtung der Erbschaftsannahme und -ausschlagung ist nur wirksam, wenn die Unterschrift des Vollmachtgebers öffentlich beglaubigt wurde.

Notwendigkeit der notariellen Beurkundung

Bei der notariellen Beurkundung bestätigt der Notar nicht nur – wie bei der öffentlichen Beglaubigung –, dass die im Beglaubigungsvermerk namentlich aufgeführte Person und der Erklärende identisch sind, er befasst sich darüber hinaus auch mit dem Inhalt der Vollmachtsurkunde. Bestätigt wird auch, dass die betreffende Person die Erklärung in der Vollmacht abgegeben hat. In diesem Zusammenhang prüft der Notar dann auch, ob der Vollmachtgeber geschäftsfähig ist.

! Beurkundungen werden vor allem durch Notare vorgenommen. Der Notar prüft die Geschäftsfähigkeit des Vollmachtgebers, berät diesen und sorgt für rechtssichere Formulierungen. So können inhaltlich fehlerhafte oder zu unbestimmte Formulierungen vermieden werden.

- Der notariellen Beurkundung bedarf die Vollmacht, wenn der Bevollmächtigte berechtigt sein soll, Verbraucherkreditverträge abzuschließen.
- Sinnvoll ist die notarielle Beurkundung einer unwiderruflichen Vorsorgevollmacht, die den Bevollmächtigten ermächtigt, Immobiliengeschäfte abzuschließen.

4.5 Wirksamwerden der Vollmacht

Grundsätzlich gilt die Vorsorgevollmacht ab ihrer Ausstellung. In der Vollmachtsurkunde sollten Sie sicherheitshalber darauf hinweisen, dass die bevollmächtigte Person die Vollmacht bei Vornahme eines Rechtsgeschäfts vorzulegen hat. Vertretungsmacht hat die von Ihnen bevollmächtigte Person nur dann, wenn sie die Vollmachtsurkunde im Original vorweisen kann.

Textbaustein

Die Vollmacht tritt erst in Kraft, wenn der Bevollmächtigte in den Besitz der Vollmachtsurkunde gelangt.

Sinnvoll ist es, durch entsprechende Vorkehrungen zu vermeiden, dass der Bevollmächtigte von der Vollmacht frühzeitig, also vor Eintritt des Betreuungsfalls, Gebrauch machen kann. Zwar kann in einer Vereinbarung zwischen dem Vollmachtgeber und dem Bevollmächtigten geregelt werden, wann bzw. unter welchen Voraussetzungen der Bevollmächtigte von der Vollmacht Gebrauch machen darf, entsprechende Regelungen betreffen allerdings nur das Innenverhältnis.

Die Vorsorgevollmacht wird nach wie vor sofort wirksam und es besteht nach wie vor die Gefahr, dass der Bevollmächtigte vor Eintritt des Fürsorgefalls von der Vollmacht vertragswidrig Gebrauch macht.

Unter anderem bestehen folgende Möglichkeiten, dem Gebrauch der Vorsorgevollmacht durch den Bevollmächtigten vor Eintritt des Fürsorgefalls vorzubeugen:

- Sie übergeben die Vollmachtsurkunde einer Vertrauensperson zur treuhänderischen Verwahrung mit der Auflage, sie dem Bevollmächtigten erst beim Eintritt des Fürsorgefalls herauszugeben.
- Bei einer notariellen Vollmacht können Sie den Notar anweisen, an den Bevollmächtigten erst dann eine Ausfertigung der Vollmachtsurkunde herauszugeben, wenn ein ärztliches Attest vorliegt, wonach Sie die in der Vollmacht bezeichneten Angelegenheiten nicht mehr wahrnehmen können.
- Sie können die Vorsorgevollmacht unter einer aufschiebenden Bedingung erteilen und so das Wirksamwerden der Vollmacht etwa vom Eintritt Ihrer Geschäftsunfähigkeit, des Fürsorgefalls oder der Betreuungsbedürftigkeit abhäng machen.

Achtung: Wenn Sie Ihre Vollmacht unter der Bedingung erteilen, dass Sie »wegen einer Krankheit oder wegen eines Unfalls Ihre Angelegenheiten nicht mehr wahrnehmen können«, wird Ihr Bevollmächtigter im Fürsorgefall mit dem Problem konfrontiert sein, dass er im konkreten Einzelfall (z.B. gegenüber einer Bank oder einer Behörde) nachweisen muss, dass die Bedingung für den Einsatz der Vollmacht tatsächlich eingetreten ist, dass Sie also in der aktuellen Situation Ihre Rechte nicht wahrnehmen können. Deshalb sollten Sie auf eine entsprechende Einschränkung verzichten.

4.6 Der Bevollmächtigte

Weil Ihrem Bevollmächtigten weitreichende Befugnisse zustehen, sollten Sie die betreffende Person sorgfältig auswählen. Sie können Ihre Vorsorgevollmacht auch so erteilen, dass mehrere Bevollmächtigte Sie nur gemeinsam vertreten dürfen. Und für den Fall, dass der von Ihnen Bevollmächtigte »im Ernstfall« verhindert ist, sollte möglichst eine weitere Vertrauensperson als Ersatzbevollmächtigter zur Verfügung stehen.

4.6.1 Auswahl des Bevollmächtigten

Eine regelmäßige Überwachung des Bevollmächtigten durch offizielle Stellen gibt es nicht. Deshalb sollten Sie zu Ihrem Bevollmächtigten nur eine Person bestellen, zu der Sie absolutes Vertrauen haben. Schließlich räumen Sie dieser Person weitreichende Rechte und Befugnisse ein. Nur bei Entscheidungen über schwerwiegende medizinische Maßnahmen oder beim Freiheitsentzug muss der Bevollmächtigte die Genehmigung des Betreuungsgerichts einholen.

Als Bevollmächtigte kommen insbesondere der Ehegatte, Angehörige oder andere Personen (z.B. Freunde, Rechtsanwälte) in Betracht. Wichtig ist, dass Sie den Inhalt der Vollmacht mit der bevollmächtigten Person eingehend besprechen. Und selbstverständlich sollten Sie vorab mit dem Bevollmächtigten klären, ob dieser überhaupt bereit ist, die Verantwortung für Ihre Angelegenheiten zu übernehmen.

! Achten Sie bei der Bestellung Ihres Bevollmächtigten darauf, dass die betreffende Person auch gesundheitlich und fachlich in der Lage ist, an Ihrer Stelle zu entscheiden. Die fachliche Qualifikation ist besonders wichtig, wenn der Bevollmächtigte Vermögensangelegenheiten wahrzunehmen hat und es sich um ein größeres Vermögen oder eine komplizierte Vermögenssituation handelt.

Achtung: Kraft Gesetzes darf nicht zum Betreuer bestellt werden, wer zu der Einrichtung, in der der Betreuungsbedürftige wohnt, in enger Beziehung steht (z.B. Heimpersonal). Der Vorrang einer Vollmacht gegenüber einer Betreuung gilt nur, wenn der Bevollmächtigte diesem Personenkreis nicht angehört. Das schließt zwar nicht aus, dass dieser Personenkreis von vornherein zum Bevollmächtigten bestellt werden kann, sollte allerdings gleichwohl bei der Auswahl des Bevollmächtigten berücksichtigt werden.

4.6.2 Mehrere Bevollmächtigte

Als Vollmachtgeber können Sie auch mehrere Personen bevollmächtigen. In diesem Fall müssen Sie allerdings darauf achten, dass die Bevollmächtigten nicht gegensätzliche Entscheidungen treffen und so ihr Handeln gegenseitig blockieren können.

- Sie können in Ihrer Vorsorgevollmacht mehrere Bevollmächtigte einsetzen und bestimmen, dass jeder Bevollmächtigte für seinen Aufgabenkreis allein vertretungsberechtigt sein soll.
- Anstelle einer Alleinvertretungsbefugnis können Sie bei mehreren Bevollmächtigten auch eine Gesamtvertretung aller Bevollmächtigten anordnen. In diesem Fall können die Bevollmächtigten nur gemeinsam handeln, sie sind also nur gemeinsam vertretungsberechtigt.

Achtung: Wenn Sie mehrere Bevollmächtigte einsetzen und Gesamtvertretung anordnen, hat das zwar den Vorteil, dass sich die Bevollmächtigten gegenseitig kontrollieren, allerdings kann es zu erheblichen Problemen kommen, wenn die Bevollmächtigten sich nicht einigen können. In diesem Fall unterbleibt Ihre Vertretung mit der Folge, dass die Einleitung eines Betreuungsverfahrens, das Sie mit Ihrer Vorsorgevollmacht eigentlich vermeiden wollen, unumgänglich wird.

! Gibt es mehrere Bevollmächtigte, müssen Sie jeder bevollmächtigten Person ein Original der Vollmacht aushändigen.

4.6.3 Bestimmung eines Ersatzbevollmächtigten

Wenn Sie, um eine eventuell notwendige Betreuung zu vermeiden, im Rahmen einer Vorsorgevollmacht einen Bevollmächtigten bestellen, sollten Sie sich auch Gedanken darüber machen, was geschehen soll, wenn der Bevollmächtigte nicht mehr oder nicht mehr uneingeschränkt zur Verfügung steht. Dafür kommen mehrere Gründe in Betracht, etwa der Tod oder eine dauernde Krankheit des Bevollmächtigten, dessen eigene Handlungsunfähigkeit oder eine andere Lebensplanung, die es dem Bevollmächtigten nicht mehr erlaubt, Ihre Angelegenheiten im Fürsorgefall wahrzunehmen.

Achtung: Verzichten Sie auf die Benennung eines Ersatzbevollmächtigten und fällt der von Ihnen bestellte Bevollmächtigte aus, muss das Betreuungsgericht einen Betreuer bestellen.

Sie können einen Ersatzbevollmächtigten bestellen, indem Sie eine inhaltsgleiche Vorsorgevollmacht erstellen. Abgeraten wird davon, dem Ersatzbevollmächtigten die Vollmacht sofort auszuhändigen. Selbst mit dem Hinweis, nur im Vertretungsfall hiervon Gebrauch machen zu dürfen, kann es zu missbräuchlicher Verwendung bzw. zu Konflikten mit dem eigentlichen Bevollmächtigten kommen. Die Vollmacht für den Ersatzbevollmächtigten sollten Sie deshalb zunächst hinterlegen und dem Ersatzbevollmächtigten erst im Vertretungsfall aushändigen.

Achtung: Kann der ursprüngliche Bevollmächtigte seine Aufgaben wieder wahrnehmen, muss der Ersatzbevollmächtigte die Vollmacht zurückgeben. Dies ist wichtig, damit die ursprüngliche Rangfolge der Bevollmächtigung wieder hergestellt wird und Unklarheiten gegenüber Dritten vermieden werden.

Sie können auch von der Ausstellung einer inhaltsgleichen Vollmacht absehen, und einen Ersatzbevollmächtigten in Ihrer Vorsorgevollmacht benennen (vgl. Textbaustein unter 4.7.2).

4.6.4 Rechtsstellung des Bevollmächtigten

Der Bevollmächtigte vertritt den Vollmachtgeber in den ihm übertragenen Angelegenheiten. Dabei hat er weitreichende Rechte. Der Bevollmächtigte ist gegenüber dem Vollmachtgeber und unter Umständen auch gegenüber dessen Erben haftbar.

Annahme und Beendigung des Amtes

Der Bevollmächtigte kann nicht zur Übernahme seiner Aufgaben gezwungen werden. Allein daraus, dass der Bevollmächtigte in der Vollmacht berechtigt wird, für den Vollmachtgeber zu handeln, ergibt sich keine Verpflichtung, die übertragenen Angelegenheiten auch tatsächlich wahrzunehmen. Eine Verpflichtung, als Bevollmächtigter tätig zu werden, besteht nur dann, wenn der Bevollmächtigte eine Vereinbarung zur Umsetzung der Vollmacht im Innenverhältnis mit dem Vollmachtgeber unterschreibt. Damit ist ein beiderseitiger Vertrag zustande gekommen (vgl. dazu im Einzelnen 4.10).

! Sie sollten vor Erteilung der Vollmacht unbedingt klären, ob die von Ihnen für die Bevollmächtigung in Aussicht genommene Person bereit ist, die Aufgaben zu übernehmen. Ist der von Ihnen bestellte Bevollmächtigte im Fürsorgefall nicht bereit, die ihm in der Vollmacht übertragenen Angelegenheiten wahrzunehmen, muss vom Betreuungsgericht ein Betreuer bestellt werden.

Der Bevollmächtigte kann jederzeit die ihm erteilte Vollmacht zurückgeben. Am einfachsten ist es, dem Vollmachtgeber die Vollmachtsurkunde auszuhändigen. Sofern es eine Vereinbarung im Innenverhältnis zwischen Vollmachtgeber und Bevollmächtigten gibt, muss der Vollmachtgeber diese kündigen. Außer in Notfällen ist ein außerordentliches fristloses Kündigungsrecht allerdings ausgeschlossen.

Wahrnehmung der Aufgaben

Dem Bevollmächtigten obliebt es, die ihm in der Vorsorgevollmacht übertragenen Angelegenheiten wahrzunehmen und den Vollmachtgeber in diesem Rahmen zu vertreten.

Entscheidungen des Bevollmächtigten

Zwar versetzt eine umfängliche Vollmacht den Bevollmächtigten in die Lage, weitgehend autonom zu entscheiden, allerdings ist er dazu verpflichtet, immer im Sinne des Vollmachtgebers zu handeln. Der Bevollmächtigte ist gegenüber seinem Vollmachtgeber und im Todesfall gegenüber den Erben grundsätzlich rechenschaftspflichtig.

! In einer Vereinbarung im Innenverhältnis (vgl. dazu 4.10) sollten Sie deshalb mit Ihrem Bevollmächtigten möglichst eindeutig festlegen, welche Wünsche und Vorstellungen Sie bei der Wahrnehmung Ihrer Angelegenheiten durch den Bevollmächtigten haben. Dies erleichtert es dem Bevollmächtigten, in aktuellen Situationen zu entscheiden.

Achtung: Trotz der weitreichenden Befugnis des Bevollmächtigten darf dieser in freiheitsentziehende und -beschränkende Maßnahmen nur einwilligen, wenn er dazu vom Vollmachtgeber ausdrücklich schriftlich berechtigt wurde. Ferner muss er grundsätzlich die Genehmigung des Betreuungsgerichts einholen. So darf z.B. eine Untersuchung des Gesundheitszustands, eine Heilbehandlung oder ein ärztlicher Eingriff nur mit gerichtlicher Genehmigung erfolgen, wenn die begründete Gefahr besteht, dass der Vollmachtgeber aufgrund der Maßnahme stirbt oder einen schweren und länger dauernden gesundheitlichen Schaden erleidet. Ohne eine Genehmigung ist eine solche Maßnahme nur zulässig, wenn mit dem Aufschub Gefahr verbunden ist.

Nachweis der Tätigkeit

Der Bevollmächtigte ist grundsätzlich dazu verpflichtet, nachzuweisen, wie er seine Aufgaben wahrgenommen hat. Dies gilt insbesondere für die Verwaltung der Finanzen und des Vermögens des Vollmachtgebers.

Insichgeschäfte

Das Gesetz verbietet sogenannte Insichgeschäfte, also Geschäfte, die der Bevollmächtigte im Namen des Vollmachtgebers mit sich selbst abschließt. Ihr Bevollmächtigter darf also z.B. nicht ein Grundstück von Ihnen für sich selbst erwerben. Durch das gesetzliche Verbot soll für Ihren Bevollmächtigten eine Interessenkollision vermieden werden. Ausnahmsweise gesetzlich zulässig ist ein Insichgeschäft, wenn der Bevollmächtigte mit dem Geschäft ausschließlich eine Verbindlichkeit des Vollmachtgebers erfüllt. Das ist z.B. der Fall, wenn der Bevollmächtigte eine ihm zustehende Aufwandsentschädigung aus dem Vermögen des Vollmachtgebers an sich selbst überweist.

Achtung: Vollmachtgeber und Bevollmächtigter können jedoch vertraglich das gesetzliche Verbot des Insichgeschäfts auch generell aufheben. Allerdings besteht in diesem Fall die Gefahr, dass der Bevollmächtigte unter Umständen nicht (nur) die Interessen des Vollmachtgebers, sondern auch seine eigenen Interessen wahrnimmt.

Haftung bei Pflichtverletzungen

Bei Pflichtverletzungen haftet der Bevollmächtigte gegenüber dem Vollmachtgeber, den Erben und Behörden. Das gilt auch, wenn der Bevollmächtigte die Angelegenheiten des Vollmachtgebers unentgeltlich wahrnimmt. Der Bevollmächtigte haftet für vorsätzliches und fahrlässiges Handeln. Bei vorsätzlichem Handeln weiß der Bevollmächtigte, dass er seine Pflichten verletzt und er will dies auch. Fahrlässiges Verhalten liegt vor, wenn der Bevollmächtigte bei der Wahrnehmung seiner Aufgaben die im Verkehr erforderliche Sorgfalt außer Acht lässt.

! Im Vertrag mit dem Bevollmächtigten besteht die Möglichkeit, die Haftung des Bevollmächtigten abzumildern. Dies kann insbesondere sinnvoll sein, wenn der Bevollmächtigte die Aufgaben aus Gefälligkeit und unentgeltlich wahrnimmt. Tragfähig ist z.B. die Beschränkung der Haftung auf Vorsatz und grobe Fahrlässigkeit.

Anspruch auf Entschädigung

Kraft Gesetzes kann der Bevollmächtigte alle Aufwendungen, die ihm durch die Wahrnehmung seiner Aufgaben entstehen, gegenüber dem Vollmachtgeber geltend machen. Aufwendungen in diesem Sinne sind z.B. Fahrtkosten, aber auch Kosten für Versicherungen, die eine spezielle Haftpflicht des Bevollmächtigten abdecken.

Der Bevollmächtigte kann wählen, ob er sich die tatsächlich entstandenen Aufwendungen erstatten oder sich als Abgeltung sämtlicher Aufwendungen ohne Einzelnachweis eine Pauschale vergüten lässt. In jedem Fall ist es sinnvoll, mit Ihrem Bevollmächtigten zu klären, ob für dessen Tätigkeit ein Entgelt fällig ist oder nicht. Von Bedeutung dürfte in diesem Zusammenhang nicht zuletzt auch der Umfang der vom Bevollmächtigten wahrzunehmenden Angelegenheiten sein.

4.7 Inhalte einer Vorsorgevollmacht

Bei den Festlegungen in Ihrer Vorsorgevollmacht sollten Sie besondere Sorgfalt verwenden. Wichtig ist, dass Sie klare und eindeutige Festlegungen treffen. Je umfassender und uneingeschränkter die Vollmacht ist, desto besser kann der von Ihnen bestellte Bevollmächtigte Ihre Interessen vertreten.

Sinnvoll ist es, in jedem Fall Regelungen über Ihre Gesundheits- und Vermögensangelegenheiten zu treffen. Auch Ihre Vertretung gegenüber Behörden, Gerichten, Banken und Versicherungen sowie über

Kommunikationsangelegenheiten sollte gewährleistet sein. Wichtig in Ihrer Vorsorgevollmacht ist es auch, dass Sie klarstellen, dass Ihre Vollmacht eine gesetzliche Betreuung ersetzen soll. In diesem Zusammenhang können Sie dann sicherheitshalber auch festlegen, dass der von Ihnen eingesetzte Bevollmächtigte eine gegebenenfalls notwendige Betreuung übernehmen soll. Zusätzliche Festlegungen in anderen Bereichen (z.B. Bestimmungen über Ihren Aufenthalt) können sinnvoll sein. Letztlich sollten für den Umfang und den Inhalt Ihrer Festlegungen Ihre individuellen Lebensumstände maßgebend sein.

! Besondere Anweisungen, z.B. welche Wünsche Sie im Krankheitsfall haben und wie Ihr Vermögen verwaltet werden soll, können Sie in einer gesonderten Vereinbarung mit Ihrem Bevollmächtigten im Innenverhältnis festlegen (wegen der Einzelheiten vgl. 4.10).

4.7.1 Festlegungen in der Vorsorgevollmacht

Empfohlen wird allgemein folgender Aufbau der Vorsorgevollmacht:

- Eingangsformel
- Vertretung in gesundheitlichen Angelegenheiten
- Organspende
- Vertretung bei pflegerischen Maßnahmen
- Freiheitsentziehende und -beschränkende Maßnahmen
- Vertretung in Vermögensangelegenheiten
- Vertretung gegenüber Behörden
- Vertretung gegenüber Gerichten
- Vertretung gegenüber Versicherungen
- Vertretung gegenüber Banken und Sparkassen
- Vertretung in Kommunikationsangelegenheiten
- Aufenthaltsbestimmung
- Vertretung in weiteren Angelegenheiten

- Betreuung
- Untervollmacht
- Befreiung vom Verbot des Selbstkontrahierens
- Dauer und Erlöschen der Vollmacht
- Wirksamkeit der Vollmacht

! Achten Sie darauf, dass Sie Ihre Vorsorgevollmacht regelmäßig daraufhin überprüfen, ob Sie noch Ihren Lebensumständen gerecht wird oder ob sich Ihre Wünsche geändert haben. Sie können die Vollmacht jederzeit ändern. Sinnvoll ist es, die Änderung in einem neuen Formular vorzunehmen.

4.7.2 Eingangsformel und Bestellung eines Ersatzbevollmächtigten

Aus der Vollmacht muss zunächst hervorgehen, wer diese erteilt hat und wer bevollmächtigt ist. Sinnvoll ist es, in Ihrer Vorsorgevollmacht auch einen Ersatzbevollmächtigten für den Fall zu bestellen, dass der von Ihnen benannte Bevollmächtigte nicht mehr in der Lage ist, Ihre Angelegenheiten wahrzunehmen.

Textbausteine

Ich, __________ [Name, Vorname, geboren am, wohnhaft in] erteile hiermit Vollmacht an __________ [Name, Vorname, geboren am, wohnhaft in].

Diese Vertrauensperson wird hiermit bevollmächtigt, mich in allen Angelegenheiten zu vertreten, die ich im Folgenden angegeben habe. Durch diese Vollmachtserteilung soll eine vom Gericht angeordnete Betreuung vermieden werden. Die Vollmacht bleibt daher in Kraft, wenn ich nach ihrer Errichtung geschäftsunfähig werden sollte.

Die Vollmacht ist nur wirksam, solange die bevollmächtigte Person die Vollmachtsurkunde besitzt und bei Vornahme eines Rechtsgeschäfts die Urkunde im Original vorlegen kann.

Für den Fall, dass der Bevollmächtigte dauerhaft nicht in der Lage ist, seine Tätigkeit ordnungsgemäß auszuüben, und ich selbst nicht mehr in der Lage bin, einen anderen Bevollmächtigten zu bestellen, bestimme ich Folgendes:

Ich bestimme als Ersatzbevollmächtigten __________ [Name, Vorname, geboren am, wohnhaft in], wiederum ersatzweise __________ [Name, Vorname, geboren am, wohnhaft in].

4.7.3 Einzelne Regelungen

Folgende Festlegungen können in eine umfassende Vorsorgevollmacht aufgenommen werden:

Vertretung in gesundheitlichen Angelegenheiten

In Ihrer Vorsorgevollmacht können Sie Festlegungen in gesundheitlichen Angelegenheiten treffen und eine Person bevollmächtigen, Sie in diesen Fragen zu vertreten. Während Sie sich bei den Festlegungen in einer Patientenverfügung unmittelbar an den behandelnden Arzt wenden und Behandlungswünsche in konkreten Situationen äußern, schaffen Sie in Ihrer Vorsorgevollmacht die Voraussetzungen dafür, dass ein Dritter über Ihre medizinische Behandlung entscheiden darf.

! Wenn Sie Ihre Vorsorgevollmacht mit einer Patientenverfügung kombinieren, können Sie eine Person Ihres Vertrauens rechtlich in die Lage versetzen, den Festlegungen in Ihrer Patientenverfügung Nachdruck zu verleihen, diesen gegenüber den Ärzten Geltung zu verschaffen und Ihre Festlegungen gegebenenfalls auch durchzusetzen.

Textbausteine

Der Bevollmächtigte darf mich in allen Angelegenheiten der Gesundheitsvorsorge gegenüber meinen behandelnden Ärzten vertreten, soweit dies gesetzlich möglich ist. Er darf über alle Fragen zu Gesundheit und Behandlung entscheiden. Er darf in diese einwilligen, sie ablehnen oder die Einwilligung in diese Maßnahmen widerrufen.

Der Bevollmächtigte darf auch dann in ärztliche Behandlungen und Untersuchungen sowie ärztliche Eingriffe einwilligen, wenn die Maßnahme mit der Gefahr verbunden ist, dass ich sterbe oder einen schweren oder einen länger andauernden gesundheitlichen Schaden erleide. Er darf auch die Einwilligung in solche Behandlungen verweigern oder widerrufen. Ferner ist der Bevollmächtigte berechtigt, über das Unterlassen und Beenden lebenserhaltender oder lebensverlängernder Maßnahmen zu entscheiden.

Dabei soll der Bevollmächtigte meinen in der Patientenverfügung niedergelegten Willen durchsetzen.

Ich entbinde alle behandelnden Ärzte und nichtärztliches Personal gegenüber meinem Bevollmächtigten von der Schweigepflicht. Der Bevollmächtigte ist berechtigt, meine Krankenunterlagen einzusehen und deren Herausgabe an Dritte zu bewilligen.

Der Bevollmächtigte ist berechtigt, die behandelnden Ärzte und nichtärztliches Personal von der Schweigepflicht gegenüber Dritten zu entbinden.

Vertretung bei pflegerischen Maßnahmen

Neben der Vorsorge in medizinischen Angelegenheiten ist es wichtig, Festlegungen über pflegerische Maßnahmen zu treffen. So muss zu gegebener Zeit unter Umständen u.a. entschieden werden, wo die Pflege stattfindet (zu Hause oder im Pflegeheim), wer die Pflege übernimmt und wie sie organisiert wird.

Textbausteine

Der Bevollmächtigte darf mich gegenüber Pflegern und Pflegeeinrichtungen vertreten.

Der Bevollmächtigte ist berechtigt, über alle Einzelheiten einer ambulanten oder (teil-)stationären Pflege zu entscheiden.

Freiheitsentziehende und -beschränkende Maßnahmen

Unter Umständen (z.B. bei einer schweren Demenz) kann es notwendig sein, Maßnahmen zu treffen, die massiv in die im Grundgesetz gewährleisteten Freiheitsrechte des Betroffenen eingreifen. So kann es im Falle einer Krankheit oder Behinderung im Einzelfall notwendig sein, dessen Bewegungsfreiheit zu beschränken (z.B. Anbringen eines Bettgitters, Fixierung im Rollstuhl, Unterbringung in einer geschlossenen Abteilung des Krankenhauses oder Pflegeheims, wo der Betroffene gegen seinen Willen ständig bewacht und am Verlassen der Station oder des Gebäudes gehindert wird).

Wenn Sie in den nachfolgenden freiheitsentziehenden Maßnahmen ausdrücklich einen Bevollmächtigten bestellen, der dem Freiheitsentzug zustimmen kann, ist die Einrichtung einer Betreuung nicht notwendig. In jedem Fall aber muss allerdings grundsätzlich immer das Betreuungsgericht eingeschaltet werden. Dessen gesetzlich notwendige Genehmigung kann auch durch eine Formulierung in der Vorsorgevollmacht nicht wirksam ausgeschlossen werden.

Textbausteine

Der Bevollmächtigte darf in eine für mich aus ärztlicher Sicht zwingend erforderliche und mit Freiheitsentziehung verbundene Unterbringung in einem Heim oder einer anderen Einrichtung einwilligen, solange diese zu meinem Wohl erforderlich ist (§ 1831 Abs. 1 BGB).

Der Bevollmächtigte darf in eine ärztliche Zwangsmaßnahme bei mir einwilligen, wenn mir ein erheblicher gesundheitlicher Schaden droht, der nicht durch andere zumutbare Maßnahmen abgewendet werden kann (§ 1832 Abs. 1 BGB).

Der Bevollmächtigte darf in unterbringungsähnliche Maßnahmen sowie eine Freiheitsbeschränkung durch Verabreichung von Medikamenten einwilligen, solange dies zu meinem Wohl erforderlich ist (§ 1831 Abs. 4 BGB).

Der Bevollmächtigte darf über meine Verbringung zu einem stationären Aufenthalt in einem Krankenhaus entscheiden, wenn eine ärztliche Zwangsmaßnahme in Betracht kommt (§ 1832 Abs. 4 BGB).

Vertretung in Vermögensangelegenheiten

Neben der Vertretung in Gesundheits- gehört die Vertretung in Vermögensangelegenheiten zum zentralen Inhalt einer Vorsorgevollmacht.

Die einzelnen Kompetenzen des Bevollmächtigten müssen zwar nicht einzeln aufgezählt, gleichwohl sollten die wesentlichen Vermögensbereiche, auf die sich die Vollmacht bezieht, ausdrücklich angesprochen werden. Sie sollten auch prüfen, ob Sie Ihrer bevollmächtigten Person die Befugnis erteilen wollen, Schenkungen vorzunehmen und Verbindlichkeiten einzugehen.

Für die Vermögenssorge in Bankangelegenheiten sollten Sie auf die von Ihrer Bank angebotene hauseigene Konto- bzw. Depotvollmacht zurückgreifen.

Textbausteine

Der Bevollmächtigte darf mein Vermögen verwalten und in diesem Zusammenhang alle rechtlich notwendigen Erklärungen im In- und Ausland abgeben.

Der Bevollmächtigte darf über bewegliche Vermögensgegenstände verfügen, diese veräußern oder neue Vermögensgegenstände erwerben.

Der Bevollmächtigte darf Grundbesitz veräußern und erwerben, Grundpfandrechte bestellen und die Eintragung im Grundbuch bewilligen.

Der Bevollmächtigte darf Schenkungen in dem Rahmen vornehmen, der einem Betreuer gesetzlich gestattet ist.

Der Bevollmächtigte darf Verbindlichkeiten eingehen.

Der Bevollmächtigte darf Zahlungen und Wertgegenstände annehmen.

Vertretung gegenüber Behörden

Die Vertretungsvollmacht gegenüber Behörden ist im Falle von Krankheit und Behinderung besonders wichtig. Denn gerade dann müssen Leistungen beantragt und gegebenenfalls eingefordert werden. Ein erteiltes Vertretungsrecht erstreckt sich auch darauf, gegen ablehnende Bescheide vorzugehen und Widerspruch zu erheben.

Textbausteine

Der Bevollmächtigte ist berechtigt, mich gegenüber Ämtern und Behörden einschließlich der Renten- und anderer Sozialversicherungsträger zu vertreten.

Mitarbeiter von Ämtern und Behörden sind meinem Bevollmächtigten gegenüber von ihrer Schweigepflicht befreit.

Vertretung gegenüber Gerichten

Wichtig ist es, auch dahin gehend vorzusorgen, dass vom Bevollmächtigten auch Ihre gerichtlichen Interessen wahrgenommen werden können. Nicht selten geht es nämlich auch darum, Ihre Leistungsinteressen (z.B. bei einem Rentenbescheid) gegebenenfalls gerichtlich durchzusetzen. Wenn Sie nicht mehr entscheidungs- und handlungsfähig sind, bedarf es hierzu einer Vollmacht für eine dritte Person.

Textbaustein

Der Bevollmächtigte ist berechtigt, mich gegenüber Gerichten und Justizbehörden zu vertreten. Er darf alle prozessualen Rechte und Pflichten geltend machen und in diesem Zusammenhang auch Anwälte mit der Wahrnehmung meiner Interessen beauftragen. Rechtsanwälte und ihre Mitarbeiter sind meinem Bevollmächtigten gegenüber von ihrer Schweigepflicht befreit.

Vertretung gegenüber Versicherungen

Über 2.000,– € im Jahr gibt jeder Deutsche durchschnittlich für Versicherungen aus. Einmal abgeschlossen, schlummern die Verträge jahrelang unbeobachtet in Ordnern, verlängern sich Jahr für Jahr, obwohl man diese unter Umständen gar nicht mehr benötigt. In jeder Lebensphase ist ein anderer Versicherungsschutz notwendig.

Wichtig ist, dass Ihr Bevollmächtigter im Fall des Falles Ihre Rechte und Pflichten aus bestehenden Versicherungen wahrnehmen kann. Ferner sollten Sie unter Beachtung Ihrer individuellen Lebensumstände entscheiden, ob sich Ihre Vollmacht auch auf den Abschluss neuer Versicherungsverträge und die Kündigung bestehender Verträge erstrecken soll.

Textbausteine

Der Bevollmächtigte darf meine Rechte und Pflichten gegenüber Versicherungen wahrnehmen.

Der Bevollmächtigte ist berechtigt, Versicherungsverträge abzuschließen.

Der Bevollmächtigte darf bestehende Versicherungen kündigen.

Mitarbeiter von Versicherungen sind meinem Bevollmächtigten gegenüber von ihrer Schweigepflicht befreit.

Vertretung gegenüber Banken und Sparkassen

Wenn Sie nicht mehr in der Lage sind, Ihre Finanzen zu regeln, ist es wichtig, dass eine Person Ihres Vertrauens bevollmächtigt ist, auf Ihre Konten zuzugreifen. Werden die Konten gemeinsam mit Ihrem Lebenspartner geführt, kann dieser die Finanzen regeln. Sind Sie alleiniger Kontoinhaber, ist es sinnvoll, dass Sie eine Bankvollmacht an eine Person Ihres Vertrauens erteilt haben. So ist gewährleistet, dass im Notfall Rechnungen bezahlt werden können und Bargeld zur Verfügung steht.

Achtung: Viele Banken und Sparkassen akzeptieren keine allgemeine Vollmacht. Sie verlangen, dass für die Vollmacht hauseigene Formulare benutzt werden. Darüber hinaus ist es üblich, dass sowohl Vollmachtgeber als auch Bevollmächtigter im Beisein eines Bankmitarbeiters die Vollmacht unterschreiben müssen. Auch Direktbanken, die zu ihren Kunden über das Internet oder Telefon Kontakt halten, verlangen häufig die Nutzung eines eigenen Formulars, das im Internet heruntergeladen oder telefonisch bestellt werden kann. Andere als hauseigene Formulare lassen Banken und Sparkassen häufig nicht gelten. Klären Sie deshalb unbedingt mit Ihrer Bank oder Sparkasse, in welcher Form Sie eine wirksame Bankvollmacht erteilen können.

Textbausteine

Der Bevollmächtigte darf mich gegenüber Banken und Sparkassen bei allen anfallenden Geschäften vertreten. Er darf auch neue Verträge abschließen, Konten und Depots eröffnen, bestehende Verträge kündigen und bestehende Konten und Depots auflösen.

Zusätzlich zu dieser Bevollmächtigung habe ich eine Vollmacht auf einem dafür vorgesehenen Bankformular erteilt.

Mitarbeiter von Banken und Sparkassen sind meinem Bevollmächtigten gegenüber von ihrer Schweigepflicht befreit.

Vertretung in Kommunikationsangelegenheiten

Das Brief- und das Postgeheimnis sind grundrechtlich geschützt. Personen, die unbefugt einen Brief öffnen, machen sich der Verletzung des Briefgeheimnisses schuldig. Hierbei handelt es sich um ein strafbares Verhalten. Wenn Sie Ihren Bevollmächtigten vom Brief- und Postgeheimnis entbinden wollen, müssen Sie ihm eine entsprechende Vollmacht erteilen.

! Sinnvoll ist es, wenn Sie Ihrem Bevollmächtigten neben der Bevollmächtigung in Ihrer Vorsorgevollmacht eine gesonderte Postvollmacht erteilen, aus der die Namen und Adressen des Vollmachtgebers und Bevollmächtigten und die Art der Postsendungen, die der Bevollmächtigte empfangen darf, hervorgehen. In diesem Fall muss Ihr Bevollmächtigter nicht immer die Vorsorgevollmacht zum Nachweis der Bevollmächtigung vorlegen.

Ebenfalls einer Vollmacht bedarf es, wenn Sie eine andere Person ermächtigen wollen, Telekommunikationsverträge in Ihrem Namen abzuschließen oder zu kündigen oder auf Ihre im Internet gespeicherten Daten zuzugreifen.

Textbausteine

Der Bevollmächtigte darf meine Post und Pakete entgegennehmen oder an der Poststelle abholen und öffnen. Er ist auch berechtigt, eigenhändig auszuliefernde Schreiben mit dem Service »Eigenhändig« oder dem Vermerk »Persönlich/Vertraulich« entgegenzunehmen. Er darf alle hiermit zusammenhängenden Willenserklärungen (z.B. Vertragsabschlüsse, Kündigungen) abgeben.

Der Bevollmächtigte ist berechtigt, Festnetz-, Handy-, Internet- und Fernseh- und Rundfunkverträge zu verwalten, abzuschließen oder bestehende Verträge zu kündigen.

Der Bevollmächtigte ist berechtigt, auf alle meine im Internet einschließlich sozialer Netzwerke gespeicherten Daten zuzugreifen, diese zu nutzen, zu ändern und zu löschen.

Aufenthaltsbestimmung

Das Problem der Aufenthaltsbestimmung wird insbesondere dann aktuell, wenn eine Heimunterbringung notwendig ist. Deshalb ist es sinnvoll, in Ihrer Vorsorgevollmacht Regelungen über die Aufenthaltsbestimmung, den Abschluss und die Kündigung des Wohnungsmietvertrags und über die Wohnungsauflösung zu treffen. Andernfalls wird vom Betreuungsgericht für diese Aufgabengebiete im Bedarfsfall ein amtlicher Betreuer bestellt.

Textbausteine

Der Bevollmächtigte ist berechtigt, meinen Aufenthalt zu bestimmen. Diese Befugnis umfasst auch die Unterbringung in einem Heim.

Der Bevollmächtigte darf Rechte und Pflichten aus dem Mietvertrag über meine Wohnung wahrnehmen, einen Mietvertrag abschließen und kündigen.

Der Bevollmächtigte darf meinen Haushalt auflösen.

Vertretung in weiteren Angelegenheiten

Neben den genannten Angelegenheiten können Sie in Ihrer Vorsorgevollmacht auch weitere Vollmachten für spezielle Bereiche erteilen. In Betracht kommen, soweit zulässig, insbesondere auch erbrechtliche Angelegenheiten. Nicht zulässig und wirksam ist allerdings eine Vollmacht für die Errichtung eines Testaments oder eines Erbvertrags.

Textbausteine

Der Bevollmächtigte ist berechtigt, in meinem Namen Erbschaften auszuschlagen.

Der Bevollmächtigte ist berechtigt, in meinem Namen die Annahme oder Ausschlagung von Erbschaften anzufechten.

Der Bevollmächtigte soll die Trauerfeier bei meiner Beerdigung gestalten und die Einzelheiten meiner Bestattung übernehmen.

Betreuung

Mit der Vorsorgevollmacht können Sie im Voraus einen Vertreter bevollmächtigen, Ihre Angelegenheiten zu erledigen, wenn Sie dies infolge von Krankheit, Unfall oder (altersbedingtem) Nachlassen der geistigen Kräfte selbst nicht mehr oder nur noch teilweise können. Sie können damit ein gesetzliches Betreuungsverfahren vor dem Betreuungsgericht vermeiden und damit der Gefahr begegnen, dass eine Ihnen nicht vertraute Person zum Betreuer bestellt wird.

! Sinnvoll ist es, in Ihrer Vorsorgevollmacht klarzustellen, dass diese eine gesetzliche Betreuung ersetzen soll. Zur Sicherheit sollte noch beigefügt werden, dass im Falle einer gesetzlichen Betreuung der in Ihrer Vorsorgevollmacht eingesetzte Bevollmächtigte Ihr Betreuer sein soll. Darüber hinaus können Sie festlegen, wer Ihr Betreuer für den Fall sein soll, dass Ihr Bevollmächtigter nicht für die Aufgaben als Betreuer geeignet ist.

Textbausteine

Diese Vollmacht soll eine gesetzliche Betreuung überflüssig machen. Sollte gleichwohl eine Betreuung erforderlich sein, bitte ich, den von mir eingesetzten Bevollmächtigten als Vertrauensperson zum Betreuer zu bestellen.

Sollte der von mir in der Vorsorgevollmacht eingesetzte Bevollmächtigte nicht für die Aufgaben als Betreuer geeignet sein, bitte ich das Betreuungsgericht, folgende Person als Betreuer zu benennen:
Vor- und Familiennamen ______________________________
geboren am ____________________ wohnhaft in [Ort, Straße, Hausnummer] ____________________________

Ich habe zusätzlich eine Betreuungsverfügung errichtet.

Erteilung von Untervollmachten

Sie können Ihrem Bevollmächtigten ausdrücklich das Recht einräumen, sogenannte Untervollmachten zu erteilen. In diesem Fall darf Ihr Bevollmächtigter einer anderen Person eine Vollmacht zur Erledigung Ihrer Angelegenheiten erteilen.

Achtung: Ob Sie Ihren Bevollmächtigten zur Erteilung von Untervollmachten ermächtigen, sollten Sie gut überlegen. Grundlage der Erteilung der Vorsorgevollmacht dürfte schließlich im Regelfall eine besondere Vertrauensbeziehung zwischen Ihnen und Ihrem Bevollmächtigten sein. Grundlage dieser Vertrauensbeziehung wird Ihre Erwartung sein, dass Ihr Bevollmächtigter die ihm anvertrauen Angelegenheiten in Ihrem Sinne wahrnehmen und diese persönlich erledigen wird. Ein solches Vertrauensverhältnis muss aber nicht zwangsläufig auch zum Inhaber einer Untervollmacht bestehen. Auch besteht die Gefahr, dass sich Ihr Bevollmächtigter durch mehrere Untervollmachten den ihm übertragenen Aufgaben entzieht.

Andererseits wird Ihr Bevollmächtigter bei manchen Rechtsgeschäften nicht umhin kommen, Untervollmacht zu erteilen. So ist es beispielsweise bei Grundstücksgeschäften üblich, dass dem beurkundenden Notar bzw. dessen Angestellten Vollmacht zur Abwicklung des Kaufvertrags erteilt wird.

Wenn Sie keine ausdrückliche Befugnis zur Erteilung von Untervollmachten erteilt haben, bedeutet das nicht zwangsläufig, dass diese Befugnis nicht gegeben ist. Ob und in welchem Umfang Ihr Bevollmächtigter dann zur Erteilung von Untervollmachten berechtigt ist, muss in diesem Fall durch Auslegung der Vollmacht ermittelt werden. Um Auslegungsschwierigkeiten und Unsicherheiten bei der Verwendung Ihrer Vorsorgevollmacht zu vermeiden, sollten Sie deshalb eindeutig regeln, ob die Befugnis zur Erteilung von Untervollmachten bestehen soll oder nicht.

Textbausteine

Der Bevollmächtigte ist berechtigt, für bestimmte Arten von Geschäften oder für einzelne Geschäfte Untervollmachten an Dritte zu erteilen.

Zur Erteilung von Untervollmachten ist der Bevollmächtigte nicht befugt.

Befreiung vom Verbot des »Insichgeschäfts«

Gesetzlich ist es Ihrem Bevollmächtigten untersagt, mit sich selbst in Ihrem Namen Geschäfte abzuschließen. Man spricht auch von sogenannten Insichgeschäften. Ihr Bevollmächtigter darf also z.B. nicht ein Grundstück von Ihnen für sich selbst erwerben. Durch das gesetzliche Verbot soll für Ihren Bevollmächtigten eine Interessenkollision vermieden werden. Ausnahmsweise gesetzlich zulässig ist ein Insichgeschäft, wenn der Bevollmächtigte mit dem Geschäft ausschließlich eine Verbindlichkeit des Vollmachtgebers erfüllt. Das ist z.B. der Fall, wenn der Bevollmächtigte eine ihm zustehende Aufwandsentschädigung aus dem Vermögen des Vollmachtgebers an sich selbst überweist.

In Ihrer Vorsorgevollmacht können Sie Ihren Bevollmächtigten vom gesetzlichen Verbot des Insichgeschäfts befreien. In diesem Fall ist dann der Bevollmächtigte berechtigt, in Ihrem Namen auch mit sich selbst Geschäfte abzuschließen.

Textbaustein

Der Bevollmächtigte ist berechtigt, im Namen des Vollmachtgebers Verträge mit sich selbst oder als Vertreter Dritter zu tätigen.

Dauer und Erlöschen der Vollmacht

In Ihrer Vorsorgevollmacht sollten Sie unbedingt regeln, wann und unter welchen Voraussetzungen sie erlöschen soll. Wenn Sie keine Regelungen treffen, gelten die gesetzlichen Erlöschensgründe. In diesen Fall endet Ihre Vorsorgevollmacht insbesondere durch Widerruf, durch Tod oder Verzicht seitens des Bevollmächtigten. Sie können allerdings Ihre Vollmacht auch befristen oder vom Gesetz abweichende Erlöschensgründe festlegen.

Textbausteine

Die Vollmacht erlischt am ________.

Diese Vollmacht ist jederzeit widerruflich. Sie gilt solange, bis ich sie widerrufe.

Die Wirksamkeit dieser Vollmacht endet mit meinem Tod.

Die Vollmacht soll auch nach meinem Tod in Kraft bleiben, bis sie von meinen Erben widerrufen wird.

Wirksamkeit der Vollmacht

In Ihrer Vorsorgevollmacht sollten Sie festlegen, ab welchem Zeitpunkt Ihr Bevollmächtigter von der Vollmacht Gebrauch machen darf. Weil es häufig ungewiss ist, wann der Betreuungsfall eintritt, gewinnt der Zeitpunkt des Wirksamwerdens Ihrer Vollmacht besondere Bedeutung. Im Regelfall werden Sie bis zum Eintritt des Betreuungsfalls Ihre Angelegenheiten selbst regeln wollen. Erst danach soll Ihr Bevollmächtigter Ihre Angelegenheiten für Sie wahrnehmen dürfen.

Am einfachsten ist es, wenn Ihre Vorsorgevollmacht sofort wirksam wird und Ihr Bevollmächtigter von der Vollmacht ohne Einschränkungen Gebrauch machen könnte. Diese Variante dürfte allerdings im Regelfall Ihrem Sicherungsinteresse selbst dann nicht genügen, wenn zu dem Bevollmächtigten ein besonderes Vertrauensverhältnis besteht.

! Sinnvoll ist es, dass Ihr Bevollmächtigter von der Vorsorgevollmacht erst Gebrauch machen darf, wenn der Betreuungsfall eingetreten ist. Ihre Interessen sind deshalb gewahrt, wenn der Bevollmächtigte erst mit dem Betreuungsfall in den Besitz der Vollmachtsurkunde gelangt. In diesem Fall ist gewährleistet, dass dem Bevollmächtigten erst mit Eintritt des Betreuungsfalls das ihm eingeräumte Vertretungsrecht zusteht.

Textbausteine

Die Vollmacht ist nur wirksam, wenn der Bevollmächtigte das Original dieser Vollmachtsurkunde vorlegen kann.

Sollten einzelne Bestimmungen dieser Vorsorgevollmacht unwirksam sein oder werden, so soll das nicht die Wirksamkeit meiner Vorsorgevollmacht im Übrigen berühren. Unwirksame Bestimmungen sollen entsprechend ihrem Sinn ausgelegt und durch wirksame ersetzt werden.

4.8 Aufbewahrung und Registrierung der Vorsorgevollmacht

Die Vorsorgevollmacht ist nur dann von Wert, wenn dem Bevollmächtigten im Fall des Falles das Original der Vollmacht zur Verfügung steht. Am Einfachsten ist es deshalb, wenn dem Bevollmächtigten die Originalurkunde ausgehändigt wird. In diesem Fall hat dieser auch Gelegenheit, sich mit dem Inhalt der Vollmacht vertraut zu machen und sich, wenn der Betreuungsfall eintritt, gegenüber den maßgebenden Stellen (z.B. Behörden, Gerichten, Krankenhaus, Pflegeheim) auszuweisen und dringend notwendige Entscheidungen zu treffen.

Befürchtet der Vollmachtgeber, dass der Bevollmächtigte die Vollmacht frühzeitig und gegen seinen Willen nutzen könnte, kann er das Vollmachtsoriginal auch zu Hause aufbewahren. In diesem Fall muss allerdings sichergestellt sein, dass der Bevollmächtigte die Vollmachtsurkunde auch finden und erreichen kann.

Wer gewährleistet wissen will, dass der Bevollmächtigte die Vollmacht erst dann nutzt, wenn tatsächlich Umstände eingetreten sind, die das erforderlich machen, kann er die Vollmacht auch bei einer anderen Person hinterlegen. Dies kann z.B. ein Rechtsanwalt oder eine andere Vertrauensperson (z.B. ein guter Freund oder naher Angehöriger) sein. Aber egal, wer die Vollmacht aufbewahrt, wichtig ist, dass die Vertrauensperson die Voraussetzungen kennt, unter denen die Vollmacht an den Bevollmächtigten auszuhändigen ist.

! Ist der Vollmachtgeber in einem Senioren- oder Pflegeheim untergebracht, ist es sinnvoll, die Heimleitung darüber zu informieren, dass eine Vorsorgevollmacht besteht, wo sie aufbewahrt und wer der Bevollmächtigte ist. Die Heimleitung kann dann mit dem Bevollmächtigten Kontakt aufnehmen, wenn in pflegerischen, medizinischen oder finanziellen Angelegenheiten Entscheidungen zu treffen sind.

Die Vorsorgevollmacht kann man auch im Zentralen Vorsorgeregister der Bundesnotarkammer aufnehmen lassen (www.vorsorgeregister.de). Dort werden die wichtigsten Inhalte der Vollmacht vermerkt, insbesondere die Daten des Vollmachtgebers und dessen Anschrift, der Umfang der Vollmacht und die Daten der Vertrauensperson. Das Zentrale Vorsorgeregister sorgt dafür, dass das Betreuungsgericht von der Existenz der Vorsorgeurkunde erfährt. Für die Registrierung wird eine einmalige Gebühr erhoben.

Achtung: Die Registrierung im Zentralen Vorsorgeregister ersetzt nicht die Vollmacht. Beim Register wird also nicht die Vollmachtsurkunde verwahrt. Es muss also nach wie vor sichergestellt sein, dass die Vollmacht sicher verwahrt und der schnelle Zugang zur Vollmachtsurkunde gewährleistet ist.

4.9 Änderung und Widerruf der Vorsorgevollmacht

Sie können Ihre Vorsorgevollmacht jederzeit widerrufen, ändern, ergänzen oder vollständig durch eine andere Vollmacht ersetzen, vorausgesetzt, Sie sind geschäftsfähig. Ihre Vollmacht gilt also solange, bis Sie sie ändern oder vollständig widerrufen.

Kleinere Änderungen können Sie einfach im Original der Vollmacht vornehmen oder unter den ursprünglichen Text anfügen. Wichtig ist, dass dabei ein Zusammenhang mit dem alten Original erkennbar ist. Bei größeren Änderungen ist es sinnvoll, die alte Vollmacht zu widerrufen und eine neue Vollmacht zu verfassen.

Wenn Sie Ihre alte Vorsorgevollmacht widerrufen wollen, sollten Sie zunächst das Original der Vollmachtsurkunde vernichten. Denn Ihre Vollmacht ist nur als Original gültig. Verlangen Sie also Ihre alte Vollmacht vom Bevollmächtigten zurück, wenn Sie diese an den Bevollmächtigten bereits ausgehändigt haben. Dann kann der Bevollmächtigte nicht mehr in Ihrem Namen tätig werden. Sicherheitshalber sollten Sie Ihre alte Vollmacht auch formell widerrufen. Den Widerruf und gegebenenfalls Ihre neue Vollmacht sollten Sie mit dem Datum versehen, sodass eindeutig ersichtlich ist, dass sie nach der alten Vollmacht aufgesetzt wurden und diese ersetzen.

4.10 Vereinbarung zwischen Vollmachtgeber und Bevollmächtigtem

Es ist sinnvoll, neben der nach außen wirkenden Vorsorgevollmacht eine Vereinbarung im Innenverhältnis mit dem Bevollmächtigten abzuschließen. Eine solche Vereinbarung hat für beide Seiten Vorteile. Für Sie als Vollmachtgeber ist gewährleistet, dass der Bevollmächtigte tatsächlich im Betreuungsfall für die bestellten Aufgaben zur Verfügung steht. Ferner können Sie Ihrem Bevollmächtigten Anweisungen erteilen, wie Sie sich in bestimmten Situationen Ihre Vertretung vorstellen. Für den Bevollmächtigten ist die Vereinbarung eine wichtige Anleitung, wie er sich in der jeweiligen Situation verhalten und wie er im Einzelfall Ihre Interessen wahrnehmen soll.

Anders als die Vorsorgevollmacht, die Sie Ihrem Bevollmächtigten erteilt haben und die eine einseitige Erklärung darstellt, handelt es sich bei der Vereinbarung zwischen Ihnen und dem Bevollmächtigten (im Innenverhältnis) um einen gegenseitigen Vertrag, in dem die

Rechte und Pflichten aus der Bevollmächtigung vereinbart werden können. Wenn Ihr Bevollmächtigter seine vertraglichen Verpflichtungen verletzt, ist er Ihnen und unter Umständen auch Ihren Erben gegenüber haftbar.

4.10.1 Regelungen in der Vereinbarung

Bei den Festlegungen in Ihrer Vereinbarung mit dem Bevollmächtigten sollten Sie besondere Sorgfalt verwenden. Wichtig ist, dass Sie klare und eindeutige Regelungen treffen.

Achtung: Wichtig ist, dass Sie vertraglich festlegen, wann und unter welchen Bedingungen Ihr Bevollmächtigter die ihm erteilte Vollmacht nutzen darf. Dabei können Sie festlegen, dass der Bevollmächtigte sofort von der Vollmacht Gebrauch machen darf oder ganz allgemein vereinbaren, dass die Vollmacht nur genutzt werden darf, wenn Sie selbst nicht mehr in der Lage sind, Ihre Angelegenheiten zu regeln. Sie können aber auch ganz konkret festlegen, dass der Eintritt Ihrer Entscheidungs- oder Geschäftsunfähigkeit durch ein ärztliches Attest festgelegt werden muss.

Nutzen Sie die Vereinbarung mit dem Bevollmächtigten, Ihre diesem in der Vorsorgevollmacht erteilten allgemeinen Vertretungsbefugnisse näher zu konkretisieren. Sinnvoll ist es in jedem Fall, die Rechte und Pflichten des Bevollmächtigten in Bezug auf Ihre Gesundheits- und Vermögensangelegenheiten näher zu vereinbaren. Wenn Sie mehrere Bevollmächtigte eingesetzt haben, können Sie Anweisungen treffen, die vermeiden sollen, dass diese widersprüchliche Entscheidungen treffen bzw. deren Entscheidungen kollidieren. Insgesamt müssen Sie darauf achten, dass die Vollmacht in Ihrem Interesse und zu Ihrem Wohl eingesetzt wird, wenn Sie dauerhaft nicht mehr in der Lage sind, Ihre Angelegenheiten zu besorgen.

Herkömmlich ist eine Vereinbarung zwischen dem Bevollmächtigten und dem Vollmachtgeber, die das Innenverhältnis betrifft, wie folgt aufgebaut:

- Eingangsformel
- Zweck der Vollmacht
- Beginn der Vertretung
- Verpflichtung des Bevollmächtigten zur Einhaltung von Rechtsvorschriften
- Gesundheitsangelegenheiten und Pflege
- Wohnangelegenheiten und freiheitsentziehende Maßnahmen
- Vermögensangelegenheiten
- Haftung des Bevollmächtigten
- Salvatorische Klausel

! Achten Sie darauf, dass Sie die Vereinbarung regelmäßig daraufhin überprüfen, ob Sie noch Ihren Lebensumständen gerecht wird oder ob sich Ihre Wünsche geändert haben.

4.10.2 Eingangsformel

Aus der Vereinbarung muss zunächst hervorgehen, wer die Vollmacht erteilt und wer bevollmächtigt ist.

Textbaustein

Zwischen

Vor- und Familiennamen __________ [Name, Vorname, geboren am, wohnhaft in], nachfolgend Vollmachtgeber genannt,

und

Vor- und Familiennamen __________ [Name, Vorname, geboren am, wohnhaft in], nachfolgend Bevollmächtigter genannt, wird folgende Vereinbarung geschlossen, die die Anwendung der am ________ erteilten Vollmacht regelt.

Danach darf der Bevollmächtigte die Vollmacht nur in dem nachfolgend genannten Umfang nutzen. Die im Außenverhältnis uneingeschränkt gültige Vollmacht darf vom Bevollmächtigten nur in dem nachfolgend angekreuzten bzw. ausgefüllten Umfang genutzt werden. Der Bevollmächtigte wird die ihm übertragenen Angelegenheiten des Vollmachtgebers besorgen und dabei dessen Wünsche und Weisungen beachten, es sei denn, dass diese nach Einschätzung des Bevollmächtigten unter Berücksichtigung der jeweiligen Situation für den Vollmachtgeber nachteilig sind.

4.10.3 Zweck und Ziel der Vollmacht

Sinnvoll kann es sein, dass Sie den Zweck und das mit Ihrer Vorsorgevollmacht verfolgte Ziel vertraglich näher bestimmen. Das kann unter Umständen bei Auslegungsschwierigkeiten oder bei Entscheidungen im Einzelfall helfen, Ihren Willen und Ihre Motive für bestimmte Festlegungen in Ihrer Vollmacht zu ermitteln. Ferner können die Festlegungen hilfreich sein, wenn es darum geht, ab welchem Zeitpunkt Ihr Bevollmächtigter von der erteilten Vollmacht Gebrauch machen darf.

Textbausteine

Weil ich wegen einer akuten Krankheit in absehbarer Zeit voraussichtlich nicht mehr in der Lage sein werde, meine Angelegenheiten selbst zu regeln, möchte ich mit der Erteilung der Vollmacht meine weitere Handlungsfähigkeit gewährleisten.

[oder]

Zwar rechne ich gegenwärtig nicht damit, dass ich in absehbarer Zeit wegen Gebrechlichkeit oder Krankheit nicht in der Lage sein werde, meine Angelegenheit selbst zu regeln, gleichwohl habe ich vorsichtshalber Vollmacht für den Fall erteilt, dass dennoch der Betreuungsfall eintritt.

[oder]

Durch die Erteilung der Vollmacht möchte ich im Falle von Gebrechlichkeit und Krankheit die Bestellung eines Betreuers vermeiden.

4.10.4 Beginn der Vertretung

In jedem Fall sollten Sie in der Vereinbarung mit Ihrem Bevollmächtigten festlegen, ab welchem Zeitpunkt dieser von der erteilten Vollmacht Gebrauch machen darf. Das dürfte im Regelfall dann der Fall sein, wenn Sie als Vollmachtgeber zeitweise oder dauerhaft Ihre Angelegenheiten nicht mehr selbst besorgen können. Deshalb ist es wichtig, dass Sie in der Vereinbarung, also im Innenverhältnis mit Ihrem Bevollmächtigten, eine entsprechende Regelung treffen.

Textbausteine

Der Bevollmächtigte darf ab sofort nach den nachfolgend aufgeführten Maßgaben im Interesse und zum Wohlergehen des Vollmachtgebers bei entsprechendem Bedarf von der Vollmacht Gebrauch machen.

Der Bevollmächtigte ist verpflichtet, von der Vollmacht allein im Interesse und zum Wohlergeben des Vollmachtgebers sowie erst dann Gebrauch zu machen, wenn der Vollmachtgeber zeitweise oder dauerhaft seine Angelegenheiten nicht mehr besorgen kann.

Ob der Vollmachtgeber seine Angelegenheiten nicht mehr selbst regeln kann und entscheidungs- und/oder geschäftsunfähig ist, muss durch ärztliches Attest festgestellt und schriftlich bestätigt werden.

4.10.5 Wünsche und Weisungen an den Bevollmächtigten

In der Vereinbarung können Wünsche und Weisungen an den Bevollmächtigten erteilt werden, wie die Angelegenheiten des Vollmachtgebers vom Bevollmächtigten wahrzunehmen sind.

Verpflichtung zur Einhaltung von Rechtsvorschriften

Selbstverständlich ist Ihr Bevollmächtigter im Rahmen der Wahrnehmung Ihrer Angelegenheiten zur Einhaltung geltender Rechtsvorschriften verpflichtet. Gleichwohl kann eine entsprechende Verpflichtung zur Klarstellung auch ausdrücklich in den Vertrag aufgenommen werden.

Textbaustein

Der Bevollmächtigte ist zur Einhaltung geltender Rechts- und Steuervorschriften verpflichtet. In diesem Zusammenhang kann er auf Kosten des Vollmachtgebers den Rat eines Rechtsanwalts oder Steuerberaters einholen oder diesem im Einzelfall auch die Wahrnehmung von Angelegenheiten übertragen.

Gesundheitsangelegenheiten und Pflege

In der Vereinbarung mit Ihrem Bevollmächtigten können Sie auch Wünsche und Weisungen in gesundheitlichen und pflegerischen Angelegenheiten regeln. In Gesundheitsangelegenheiten ist es sinnvoll, den Bevollmächtigten zu verpflichten, den in einer Patientenverfügung niedergelegten Willen zu beachten und diesen Willen gegenüber den behandelnden Ärzten und dem Pflegepersonal durchzusetzen. Daneben können Weisungen in Bezug auf die Pflege und die Unterbringung in Pflegeeinrichtungen erteilt werden.

Textbausteine

Der Vollmachtgeber beauftragt hiermit den Bevollmächtigten, seine gesundheitlichen und pflegerischen Angelegenheiten entsprechend seinen Wünschen und Vorstellungen wahrzunehmen.

Im Rahmen der Vertretung in medizinischen und pflegerischen Angelegenheiten soll der Bevollmächtigte gegenüber den behandelnden Ärzten und dem Pflegepersonal den in meiner Patientenverfügung niedergelegten Willen durchsetzen.

Bei der Wahrnehmung der dem Bevollmächtigten übertragenen gesundheitlichen und pflegerischen Angelegenheiten sind meine bisherigen Lebensgewohnheiten weitgehend zu berücksichtigen. Ich möchte mein Leben auch bei Gebrechlichkeit und Krankheit möglichst eigenständig und in vertrauter Umgebung realisieren.

Für den Fall, dass ich längere Zeit gepflegt werden muss, wünsche ich, dass die Pflege möglichst von folgender Person bzw. von folgendem Pflegedienst übernommen wird: ____________

____

[Name und Adresse der Pflegeperson bzw. des Pflegedienstes]

Wenn eine ambulante Pflege nicht mehr möglich ist, wünsche ich, möglichst in folgender Pflegeeinrichtung untergebracht zu werden: ____

________________ [Name und Adresse der Pflegeeinrichtung]

Aufenthaltsbestimmung und freiheitsentziehende Maßnahmen

Im Vertrag mit dem Bevollmächtigten können Sie Vereinbarungen über Ihre Aufenthaltsbestimmung und die Zulässigkeit freiheitsentziehender bzw. -beschränkender Maßnahmen treffen. Für die Einwilligung in freiheitsentziehende und -beschränkende Maßnahmen bedarf Ihr Bevollmächtigter auf jeden Fall einer ausdrücklichen schriftlichen Bevollmächtigung. Ferner ist darüber hinaus grundsätzlich die Genehmigung des Betreuungsgerichts erforderlich.

Textbausteine

Der Bevollmächtigte ist berechtigt, meinen Aufenthalt zu bestimmen. In erster Linie möchte ich jedoch in vertrauter Umgebung wohnen.

Nach dem Umzug in ein Heim oder einer anderweitigen Unterbringung darf der Bevollmächtigte meinen Wohnungsmietvertrag kündigen und meinen Haushalt auflösen.

Der Bevollmächtigte darf in eine für mich aus ärztlicher Sicht zwingend erforderliche und mit Freiheitsentziehung verbundene Unterbringung in einem Heim oder einer anderen Einrichtung, in eine ärztliche Zwangsmaßnahme oder in unterbringungsähnliche Maßnahmen sowie die Freiheitsbeschränkung durch Verabreichung von Medikamenten nur einwilligen, wenn dies zu meinem Wohl erforderlich ist und alle anderen Maßnahmen, um mir zu helfen, ausgeschöpft sind oder keinen Erfolg versprechen.

Vermögensangelegenheiten

In Ihrer Vereinbarung mit dem Bevollmächtigten können Sie auch Regelungen über Ihre finanziellen Angelegenheiten treffen.

! Sie sollten unbedingt mit Ihrem Bevollmächtigten besprechen, ob er für die Wahrnehmung Ihrer Angelegenheiten eine Aufwandsentschädigung erhalten soll oder ob er unentgeltlich tätig wird.

Textbaustein

Der Bevollmächtigte hat bei Beginn seiner Tätigkeit unverzüglich eine Aufstellung über die vorhandenen Vermögenswerte zu fertigen.

Der Bevollmächtigte hat das Einkommen und Vermögen des Vollmachtgebers zu dessen bestmöglicher Pflege einzusetzen.

Geld hat der Bevollmächtigte mündelsicher anzulegen. Das Kapital ist in erster Linie sicher und in zweiter Linie zinsbringend anzulegen.

Der Bevollmächtigte soll aus dem Einkommen des Vollmachtgebers folgende (regelmäßige) Zahlungen an folgende Personen vornehmen:

____

[Betrag, an welche Person, Häufigkeit]

____

[Betrag, an welche Person, Häufigkeit]

____

[Betrag, an welche Person, Häufigkeit]

Der Bevollmächtigte erhält für seine Tätigkeit aus dem Einkommen und Vermögen des Bevollmächtigten eine pauschale Aufwandsentschädigung in Höhe von ________ Euro im Monat.

4.10.6 Haftung des Bevollmächtigten

Bei Pflichtverletzungen haftet der Bevollmächtigte gegenüber dem Vollmachtgeber, den Erben und Behörden. Das gilt auch, wenn der Bevollmächtigte die Angelegenheiten des Vollmachtgebers unentgeltlich wahrnimmt.

Der Bevollmächtigte haftet für vorsätzliches und fahrlässiges Handeln. Bei vorsätzlichem Handeln weiß der Bevollmächtigte, dass er seine Pflichten verletzt und er will dies auch. Fahrlässiges Verhalten liegt vor, wenn der Bevollmächtigte bei der Wahrnehmung seiner Aufgaben die im Verkehr erforderliche Sorgfalt außer Acht lässt.

! Die Wahrnehmung von Angelegenheiten für den Vollmachtgeber ist für den Bevollmächtigten aufgrund seiner umfänglichen Haftung mit nicht unbeträchtlichen Risiken verbunden. Deshalb kann es sinnvoll sein (insbesondere wenn der Bevollmächtigte die Aufgaben unentgeltlich und aus Gefälligkeit wahrnimmt), die Haftung des Bevollmächtigten vertraglich zu begrenzen und seine Haftung aufgrund leichter Fahrlässigkeit auszuschließen. Rechtlich ist das zulässig. Eine entsprechende Vereinbarung zwischen Ihnen als Vollmachtgeber und Ihrem Bevollmächtigten ist (auch gegenüber den Erben) wirksam.

Achtung: Eine Haftungsbeschränkung von Gesetzes wegen besteht unter besonderen Voraussetzungen bei Fürsorgeverhältnissen zwischen Ehegatten und unter nahen Verwandten. So haben z.B. Ehegatten einander nur für diejenige Sorgfalt einzustehen, welche sie in eigenen Angelegenheiten anzuwenden pflegen.

Textbaustein

Der Bevollmächtigte haftet nur für Vorsatz und grobe Fahrlässigkeit.

4.10.7 Salvatorische Klausel

Für den Fall von Auslegungsschwierigkeiten und inhaltlichen Lücken können Sie in die Vereinbarung mit Ihrem Bevollmächtigten eine sogenannte Salvatorische Klausel (»Rettungsklausel«) aufnehmen. Sie bezweckt, eine teilweise unwirksame oder undurchführbare Vereinbarung, die der Vertrag bewirken soll, so weit wie möglich aufrechtzuerhalten. Mit einer Salvatorischen Klausel können Sie also sicherstellen, dass Ihr Bevollmächtigter die ihm übertragenen Angelegenheiten in Ihrem mutmaßlichen Interesse wahrnehmen kann.

Textbaustein

Sollten einzelne Bestimmungen dieser Vereinbarung unwirksam sein oder werden, so soll das nicht die Wirksamkeit des Vertrags im Übrigen berühren. Unwirksame Bestimmungen sollen entsprechend ihrem Sinn ausgelegt und durch wirksame ersetzt werden.

4.11 Vorsicht Falle: Die häufigsten Fehler bei der Vorsorgevollmacht

Folgende Fehler sollten Sie unbedingt vermeiden:

- **Vorsorgevollmacht brauchen nur ältere Menschen:** Verzichten Sie nicht deshalb auf die Errichtung einer Vorsorgevollmacht, weil Sie noch jung und gesund sind. Sie können jederzeit durch einen Unfall oder eine Krankheit in die Situation kommen, dass sie nicht mehr imstande sind, selbst über Ihre Angelegenheiten zu entscheiden.
- **Im Fürsorgefall werden die Angehörigen entscheiden:** Ihr Ehepartner oder Ihre Kinder sind nicht Ihre gesetzlichen Vertreter. Ihre Angehörigen können im Fürsorgefall nur für Sie entscheiden, wenn Sie eine rechtsgeschäftliche Vollmacht für den Einzelfall oder eine Vorsorgevollmacht errichtet haben oder gerichtlich als Betreuer bestellt wurden.
- **Die Angehörigen sind entsprechend informiert, wie sie im Einzelfall entscheiden sollen:** Mündliche Anweisungen und Festlegungen reichen nicht aus, weil der Bevollmächtigte im konkreten Fall seine Vertretungsbefugnis nachweisen muss. Deshalb ist aus Beweisgründen dringend anzuraten, die Vorsorgevollmacht schriftlich zu errichten, weil sich bei mündlich erteilten Vollmachten stets das Problem stellt, wie der Bevollmächtigte

beweisen soll, dass er tatsächlich bevollmächtigt ist. Im Übrigen kann der Bevollmächtigte gefährlichen medizinischen Eingriffen beim Vollmachtgeber nur einwilligen, wenn eine entsprechende schriftliche Vollmacht vorliegt.

- **Eine ungeeignete Person wurde als Bevollmächtigter bestellt:** Der von Ihnen bestellte Bevollmächtigte hat weitreichende Befugnisse und er unterliegt grundsätzlich keiner Kontrolle. Bestellen Sie deshalb nur eine Person als Bevollmächtigten, der Sie absolut vertrauen können. Zudem muss der Bevollmächtigte auch zeitlich und fachlich in der Lage sein, Ihre Angelegenheiten wahrzunehmen. Wenn Sie keine geeignete Person finden, sollten Sie anstelle einer Vorsorgevollmacht eine Betreuungsverfügung errichten.
- **Bei der Bestellung mehrerer Bevollmächtigter sind deren Kompetenzen nicht klar geregelt:** Wenn Sie in Ihrer Vorsorgevollmacht mehrere Bevollmächtigte bestellt haben und ihnen dieselben Angelegenheiten übertragen haben, besteht die Gefahr, dass sich diese gegenseitig blockieren. In der Vereinbarung mit den Bevollmächtigten müssen Sie deshalb im Innenverhältnis unbedingt regeln, über welche Angelegenheiten welcher Bevollmächtigte entscheiden darf.
- **Es wird kein Ersatzbevollmächtigter bestellt:** Wenn der von Ihnen bestellt Bevollmächtigte aus irgendeinem Grund (z.B. wegen Krankheit oder Tod) nicht mehr oder nicht mehr uneingeschränkt zur Verfügung steht, muss das Betreuungsgericht einen Betreuer bestellen, der dann Ihre Angelegenheiten wahrnimmt. Wollen Sie für den Fall, dass Ihr Bevollmächtigter ausfällt, eine Vertrauensperson benennen, die anstelle des zuerst bestellten Bevollmächtigten tritt, müssen Sie in Ihrer Vorsorgevollmacht einen Ersatzbevollmächtigten benennen.
- **Die Vollmacht ist nur unter Bedingungen wirksam:** Wenn Sie Ihre Vollmacht unter der Bedingung erteilen, dass Sie »wegen einer Krankheit oder wegen eines Unfalls Ihre Angelegenheiten

nicht mehr wahrnehmen können«, wird Ihr Bevollmächtigter im Fürsorgefall mit dem Problem konfrontiert sein, dass er im konkreten Einzelfall (z.B. gegenüber einer Bank oder einer Behörde) nachweisen muss, dass die Bedingung für den Einsatz der Vollmacht tatsächlich eingetreten ist, dass Sie also in der aktuellen Situation Ihre Rechte nicht wahrnehmen können. Verzichten Sie deshalb in der Vorsorgevollmacht auf eine entsprechende Einschränkung. Erteilen Sie eine möglichst weitreichende Vollmacht ohne zeitliche und sachliche Beschränkungen. Die Bedingungen, wann der Bevollmächtigte von der Vollmacht Gebrauch machen darf, können Sie im Innenverhältnis in der Vereinbarung mit dem Bevollmächtigten regeln.

- **Die Vorsorgevollmacht ist nicht umfassend:** Nur wenn ein Bevollmächtigter im Fürsorgefall alle Angelegenheiten besorgen kann, ist gewährleistet, dass eine Betreuung entfällt. Deshalb sollte die Vorsorgevollmacht möglichst alle Angelegenheiten, die zu besorgen sind, umfassen und ohne sachliche Beschränkungen gelten.
- **Die Vorsorgevollmacht enthält unklare und widersprüchliche Regelungen:** Schwierig wird es für den Bevollmächtigten, wenn Ihre Vorsorgevollmacht unklare Formulierungen und zu einer etwaigen Patientenverfügung widersprüchliche Festlegungen enthält. Achten Sie deshalb auf eindeutige Regelungen und legen Sie in der Vereinbarung mit dem Bevollmächtigten im Innenverhältnis genau fest, wie dieser sich im konkreten Einzelfall verhalten soll.
- **Die Vorsorgevollmacht ist nicht auffindbar:** Der von Ihnen bestellte Bevollmächtigte muss im Fürsorgefall seine Vertretungsbefugnis nachweisen. Dafür benötigt er die Vollmachtsurkunde. Achten Sie unbedingt darauf, dass der Bevollmächtigte im Fall der Fälle schnell und unkompliziert auf die Vorsorgevollmacht zugreifen kann.

- **Die Vorsorgevollmacht ist nicht mehr aktuell:** Unabhängig davon, dass Ihre Vorsorgevollmacht nicht durch Zeitablauf unwirksam wird, ist es sinnvoll, Ihre einmal getroffenen Festlegungen in regelmäßigen Abständen daraufhin zu überprüfen, ob sich an Ihren Wünschen etwas geändert hat. Insbesondere bei wesentlichen Änderungen der Lebensumstände sollte die Vollmacht gegebenenfalls aktualisiert werden. Das betrifft auch die Vereinbarung mit dem Bevollmächtigten im Innenverhältnis.

5 Betreuungsverfügung

Für eine volljährige Person wird vom Gericht ein gesetzlicher Betreuer bestellt, wenn diese Person wegen einer Krankheit oder einer Behinderung ihre Angelegenheiten ganz oder teilweise nicht (mehr) besorgen kann. Zwar wird der Betroffene vom Gericht zu der Frage angehört, welche Person er als Betreuer wünscht, falls sich jedoch der Betroffene zu diesem Zeitpunkt nicht mehr äußern kann, hat das Gericht Wünsche, die dieser zuvor festgelegt hat, zu berücksichtigen. Dies geschieht zweckmäßig in einer schriftlichen vorsorgenden Verfügung für den Betreuungsfall, der sogenannten Betreuungsverfügung. Darin kann der Betroffene für den Fall seiner eigenen Hilfsbedürftigkeit oder Geschäftsunfähigkeit gegenüber dem Betreuungsgericht Wünsche hinsichtlich der Person des Betreuers äußern und Hinweise geben, wie die Betreuung geführt werden soll. Die Betreuungsverfügung gibt allerdings dem darin Benannten noch keine unmittelbare Handlungsbefugnisse; diese müssen ihm erst gerichtlich verliehen werden.

5.1 Gründe für die Errichtung einer Betreuungsverfügung

Vom Betreuungsgericht wird für eine volljährige Person eine Betreuung angeordnet, wenn diese aufgrund einer Krankheit oder einer Behinderung nicht in der Lage ist, ihre Angelegenheiten ganz oder teilweise selbst zu besorgen. Die amtliche Bestellung eines Betreuers ist nicht notwendig, wenn der Betroffene einen Bevollmächtigten ermächtigt hat, im Fall der Fälle seine Angelegenheiten wahrzunehmen.

Nicht jeder hat allerdings eine Vertrauensperson, die er als Bevollmächtigten einsetzen möchte. In diesem Fall hilft dann eine Betreuungsverfügung, in der der Betroffene eine Person vorschlagen kann, die seine Vorstellungen und Wünsche im Falle seiner Hilfsbedürftigkeit umsetzen soll. Der Vorteil einer gesetzlichen Betreuung ist, dass der Betreuer regelmäßig durch das Gericht kontrolliert wird.

Außerdem wird die Betreuungsverfügung erst dann wirksam, wenn tatsächlich eine Betreuung eingerichtet wird und dann auch nur für genau festgelegte Aufgabenbereiche. Anders als ein Bevollmächtigter kann nämlich ein Betreuer erst nach der gerichtlichen Bestellung und dann auch nur in den gerichtlich festgelegten Aufgabenbereichen handeln.

Und selbst wenn der Betroffene eine Vorsorgevollmacht verfasst hat, ist es sinnvoll, diese durch eine Betreuungsverfügung zu ergänzen. Zum einen kann es sein, dass die Vorsorgevollmacht ganz bewusst nur für bestimmte Lebensbereiche erteilt wurde. Ist dann für Aufgaben, die nicht durch die Vollmacht abgedeckt werden, eine Entscheidung notwendig, muss ein Betreuer bestellt werden. Außerdem kann es sein, dass die Vollmacht an entscheidenden Stellen nicht eindeutig genug formuliert wurde. Im Zweifelsfall wird dann zusätzlich zum Bevollmächtigten ein Betreuer bestellt.

! Wenn Sie eine Vorsorgevollmacht errichtet haben, sollten Sie verfügen, dass Sie sich Ihren Bevollmächtigten auch als Betreuer wünschen.

Textbausteine (für Vorsorgevollmacht)

Diese Vollmacht soll eine gesetzliche Betreuung überflüssig machen. Sollte gleichwohl eine Betreuung erforderlich sein, bitte ich, den von mir eingesetzten Bevollmächtigten als Vertrauensperson zum Betreuer zu bestellen.

Sollte der von mir in der Vorsorgevollmacht eingesetzte Bevollmächtigte nicht für die Aufgaben als Betreuer geeignet sein, bitte ich das Betreuungsgericht, folgende Person als Betreuer zu benennen:
Vor- und Familiennamen ______________________________
geboren am __________________
wohnhaft in [Ort, Straße, Hausnummer] __________________.

Ich habe zusätzlich eine Betreuungsverfügung errichtet.

5.2 In sechs Schritten zur Betreuungsverfügung

Wenn Sie eine Betreuungsverfügung errichten wollen, müssen Sie sich dafür ausreichend Zeit nehmen. Planen Sie Ihre Vorsorgeverfügung sorgfältig und gründlich. Dabei können Sie in folgenden Schritten vorgehen:

- **Schritt 1 – Information und Beratung:** Machen Sie sich schlau. Informieren Sie sich umfassend. Befassen Sie sich zunächst mit dem möglichen Inhalt und den Formalitäten der Betreuungsverfügung.
- **Schritt 2 –Vertrauensperson:** Bevor Sie eine Betreuungsverfügung errichten, sollten Sie zunächst prüfen, ob eine Vertrauensperson bereit ist, im Fürsorgefall Ihre Angelegenheiten wahrzunehmen. In diesem Fall ist die Errichtung einer Vorsorgevollmacht sinnvoll, um eine Betreuung zu vermeiden.
- **Schritt 3 – Wunschbetreuer:** Wenn keine Vertrauensperson zur Verfügung steht, der Sie Ihre Angelegenheiten im Betreuungsfall anvertrauen wollen oder können, sollten Sie überlegen, wen Sie sich im Notfall als Betreuer wünschen oder wen nicht. Das kann ein Angehöriger, ein Freund oder Bekannter oder eine andere Person sein. Fragen Sie die betreffende Person, ob sie bereit ist, im Fürsorgefall Ihre Betreuung zu übernehmen.
- **Schritt 4 – Richtlinien, Wünsche und Anweisungen:** Überlegen Sie, welche Wünsche Sie im Falle einer Betreuung haben und nach welchen Grundsätzen Ihre Betreuung geführt werden soll.
- **Schritt 5: Verfügung verfassen:** Verfassen Sie den ersten Entwurf einer Betreuungsverfügung. Dabei können Sie zunächst auf Textbausteine zu den wichtigsten Themen zurückgreifen. Besprechen Sie den Entwurf mit Ihrem Wunschbetreuer. Errichten Sie dann die endgültige Fassung Ihrer Betreuungsverfügung schriftlich, unterschreiben Sie Ihre Verfügung und geben Sie Ort und Datum an.

- **Schritt 6 – Aufbewahrung und Registrierung:** Sorgen Sie dafür, dass Sie Ihre Vollmacht so aufbewahren, dass das Betreuungsgericht im Bedarfsfall auf sie zugreifen kann. Händigen Sie Ihrem Wunschbetreuer eine Kopie der Verfügung aus.

---

10 wichtige Regeln für Ihre Betreuungsverfügung

- Wenn Sie eine Vertrauensperson haben, die bereit ist, Sie im Falle Ihrer Betreuungsbedürftigkeit zu vertreten, sollten Sie eine Vorsorgevollmacht der Betreuungsverfügung vorziehen.
- Wenn Sie eine Betreuungsverfügung errichten wollen, müssen Sie zwar weder geschäfts- noch einwilligungsfähig sein, Ihre Erklärungen in der Verfügung müssen allerdings auf Ihrem freien Willen beruhen.
- Die Betreuungsverfügung muss nicht schriftlich verfasst werden. Aus Gründen der Rechtssicherheit und um Beweisproblemen vorzubeugen, sollte allerdings die Verfügung unbedingt schriftlich verfasst werden.
- Die Betreuungsverfügung richtet sich an das Betreuungsgericht und an den gerichtlich bestellten Betreuer.
- In der Betreuungsverfügung können Sie eine Person als Betreuer vorschlagen. Dieser Vorschlag ist für das Betreuungsgericht verbindlich, es sei denn, dass die vorgeschlagene Person ungeeignet ist oder ihre Bestellung Ihrem Wohl zuwiderläuft.
- Sinnvoll ist es, dass Sie in Ihrer Betreuungsverfügung eine Ersatzperson bzw. mehrere Ersatzpersonen für den Fall vorschlagen, dass die von Ihnen für die Betreuung vorgeschlagene Person nicht als Betreuer bestellt werden kann.
- Sie können auch eine Person benennen, die vom Gericht auf keinen Fall als Betreuer bestellt werden soll. An diesen Vorschlag ist das Gericht zwar grundsätzlich nicht gebunden,

es wird allerdings berücksichtigen, dass die von Ihnen abgelehnte Person kaum in der Lage sein wird, im Rahmen eines Vertrauensverhältnisses die ihm übertragenen Angelegenheiten wahrzunehmen.

- In Ihrer Betreuungsverfügung können Sie auch Wünsche äußern, wie die Betreuung durchgeführt werden soll. Diese Wünsche richten sich in erster Linie an den Betreuer und sind grundsätzlich verbindlich.
- Sie können Ihre Betreuungsverfügung bei Ihren persönlichen Unterlagen aufbewahren oder einem Angehörigen oder einer anderen Vertrauensperson zur Verwahrung überlassen. Sie können Ihre Verfügung auch im Vorsorgeregister der Bundesnotarkammer registrieren lassen.
- Ihre Betreuungsverfügung können Sie jederzeit ohne Angabe von Gründen ändern oder widerrufen. Der Widerruf ist formlos möglich.

5.3 Vorsorgevollmacht oder Betreuungsverfügung – was ist besser?

Wenn eine Person, der Sie vertrauen können, bereit ist, sich im Falle Ihrer Betreuungsbedürftigkeit um Ihre Angelegenheiten zu kümmern, ist eine Vorsorgevollmacht der Betreuungsverfügung vorzuziehen. Schließlich vermeiden Sie durch die Erteilung der Vollmacht ein gerichtliches Verfahren über die Bestellung eines Betreuers.

Haben Sie keine Person, der Sie eine Vollmacht anvertrauen wollen, sollten Sie in einer Betreuungsverfügung festlegen, wer im Falle Ihrer Betreuungsbedürftigkeit vom Gericht als Betreuer bestellt werden soll und welche Wünsche und Vorstellungen Sie im Falle einer notwendigen Betreuung haben. So können Sie auch ohne Vorsorgevollmacht Einfluss auf eine notwendige Betreuung nehmen.

5.4 Persönliche und formale Anforderungen an die Betreuungsverfügung

Bei den in einer Betreuungsverfügung geäußerten Wünschen und Vorstellungen handelt es sich nicht um Willenserklärungen. Voraussetzung für die Wirksamkeit der Verfügung ist deshalb nicht, dass der Verfasser geschäftsfähig ist. Auch die sogenannte Einwilligungsfähigkeit des Verfassers ist nicht Voraussetzung für eine wirksame Betreuungsverfügung. Unter der Einwilligungsfähigkeit versteht man die Fähigkeit des Patienten, seine Einwilligung in eine ärztliche Heilbehandlung erteilen zu können. Die Einwilligungsfähigkeit liegt vor, wenn der Patient in der Lage ist, die Bedeutung und Tragweite seiner Entscheidung zu erkennen, angemessen zu beurteilen und danach zu handeln.

Achtung: Voraussetzung für die Wirksamkeit der Betreuungsverfügung ist allerdings, dass die Erklärungen des Verfassers auf dessen freien Willen beruhen und er diesen Willen äußern kann. Das ist nicht der Fall, wenn der Betroffene wegen einer Krankheit geistig verwirrt ist und seine Wünsche lediglich Ausdruck seiner Erkrankung sind.

Bei der Errichtung der Betreuungsverfügung müssen keine gesetzlichen Formvorschriften beachtet werden. Die Verfügung kann also in jeder Form, also schriftlich, aber auch nur mündlich verfasst werden. Nicht erforderlich ist, dass die Betreuungsverfügung notariell beurkundet oder die Unterschrift unter der Verfügung öffentlich beglaubigt wird.

! Aus Gründen der Rechtssicherheit und um Beweisproblemen vorzubeugen, ist jedoch sinnvoll, die Verfügung schriftlich niederzulegen. Wichtig sind zudem Unterschrift und Datum.

5.5 Wirksamwerden der Betreuungsverfügung

Ihre Betreuungsverfügung wird erst wirksam, wenn für Sie vom Betreuungsgericht ein Betreuer bestellt wird. Voraussetzung dafür ist Ihre Betreuungsbedürftigkeit.

Die Betreuungsbedürftigkeit setzt zunächst eine Krankheit oder eine Behinderung voraus. Neben psychischen Krankheiten können auch körperliche Erkrankungen, die aufgrund ihrer Schwere einen Betreuungsbedarf begründen, ohne dass es sich um eine Behinderung handelt, die Bestellung eines Betreuers rechtfertigen. Allerdings kommt im Falle einer körperlichen Krankheit die Bestellung eines Betreuers nur in Betracht, wenn der Betroffene sie selbst beantragt, es sei denn, dass dieser seinen Willen nicht äußern kann. Zu den Menschen mit Behinderungen zählen Menschen, die langfristige körperliche, seelische, geistige oder Sinnesbeeinträchtigungen haben, welche sie in Wechselwirkung mit verschiedenen Barrieren an der vollen, wirksamen und gleichberechtigten Teilhabe an der Gesellschaft hindern können.

Ihre Betreuungsbedürftigkeit setzt ferner voraus, dass Sie aufgrund der Krankheit oder Behinderung Ihre Angelegenheiten ganz oder teilweise nicht (mehr) besorgen können. So besteht insbesondere kein Betreuungsbedarf, wenn Sie für den Fall Ihrer Betreuungsbedürftigkeit einer Person Ihres Vertrauens eine Vorsorgevollmacht erteilt haben und diese Person Ihre Angelegenheiten wahrnehmen kann.

5.6 Wirksamkeit der Betreuungsverfügung

Von Bedeutung ist, inwieweit Ihre Festlegungen in der Betreuungsverfügung verbindlich sind.

5.6.1 Vorschläge für die Person des Betreuers

Wenn Sie eine Person als Betreuer vorschlagen, ist dieser Vorschlag für das Betreuungsgericht grundsätzlich bindend. Voraussetzung ist allerdings, dass die vorgeschlagene Person als Betreuer bestellt werden kann. So bildet etwa einen absoluten Ausschlussgrund für die Betreuerbestellung der Umstand, dass der vorgeschlagene Betreuer zu einer Anstalt, einem Heim oder einer sonstigen Einrichtung, in der der Betreute untergebracht ist, in einem Abhängigkeitsverhältnis (z.B. Heimmitarbeiter) oder einer anderen engen Beziehung steht (z.B. naher Angehöriger eines Heimmitarbeiters). Die Bestellung des vorgeschlagenen Betreuers darf ferner nicht dem Wohl des Betreuten zuwiderlaufen.

Sprechen Sie sich in Ihrer Verfügung gegen eine bestimmte Person aus, so ist das Betreuungsgericht daran nicht gebunden. Gleichwohl wird das Gericht in diesem Fall berücksichtigen, dass die von Ihnen abgelehnte Person kaum in der Lage sein wird, das für die Zusammenarbeit zwischen Betreutem und Betreuer notwendige Vertrauensverhältnis herzustellen.

5.6.2 Wünsche zur Durchführung der Betreuung

Wenn Sie in Ihrer Betreuungsverfügung Wünsche zur Durchführung der Betreuung äußern, richten sich diese in erster Linie an den Betreuer. Ausnahmsweise können sich Ihre Wünsche auch an das Betreuungsgericht richten und das Gericht im Rahmen seiner Überwachungs- und Genehmigungstätigkeit binden (z.B. der Wunsch, das Haus des Betreuten nicht zu verkaufen).

Ihre Wünsche sind grundsätzlich rechtlich bindend, es sei denn, dass die Beachtung eines Wunsches Ihrem Wohl zuwiderläuft. Nicht verbindlich sind Wünsche, die dem Betreuer nicht zuzumuten sind (z.B. der Wunsch auf einen mehrstündigen Besuch im Heim). Nicht möglich ist es auch, in Ihrer Betreuungsverfügung den Betreuer von den gesetzlichen Beschränkungen seiner Vertretungsmacht zu befreien (z.B. vom Verbot, Schenkungen vorzunehmen).

Achtung: Der Betreuer muss die in Ihrer Betreuungsverfügung geäußerten Wünsche dann nicht mehr beachten, wenn Sie an diesen erkennbar nicht mehr festhalten wollen. Maßgeblich für die Durchführung der Betreuung ist also immer Ihr aktueller Wille.

5.7 Inhalte einer Betreuungsverfügung

Sie können Ihre Betreuungsverfügung inhaltlich darauf beschränken, dass Sie dem Betreuungsgericht im Falle Ihrer Betreuungsbedürftigkeit eine Person Ihrer Wahl als Betreuer bzw. Ersatzbetreuer vorschlagen oder Personen benennen, die auf keinen Fall gerichtlich für Ihre Betreuung bestellt werden sollen. Sie können aber auch über die Benennung eines Betreuers bzw. Ersatzbetreuers hinaus Wünsche und Vorstellungen äußern, wie im Fürsorgefall vom gerichtlich eingesetzten Betreuer Ihre Angelegenheiten (z.B. Gesundheits-, Vermögens- oder Wohnungsangelegenheiten) wahrgenommen werden sollen.

5.7.1 Überblick

Bei einer umfassenden Betreuungsverfügung mit Vorschlägen für die Person des Betreuers, eines Ersatzbetreuers und eines Kontrollbetreuers sowie der Äußerung von Wünschen und Vorstellungen, wie der vom Gericht bestellte Betreuer im Fürsorgefall Ihre Angelegenheiten wahrnehmen soll, wird allgemein folgender Aufbau empfohlen:

- Eingangsformel
- Person des Betreuers
- Person des Ersatzbetreuers
- Person des Kontrollbetreuers
- Ablehnung bestimmter Personen als Betreuer
- Wünsche und Vorstellungen bei der Betreuung in persönlichen Angelegenheiten
- Wünsche und Vorstellungen bei der Betreuung in Vermögensangelegenheiten

5.7.2 Eingangsformel

Aus Ihrer Betreuungsverfügung muss hervorgehen, wer die Verfügung errichtet hat.

Textbaustein

Ich, __________ [Name, Vorname, geboren am, wohnhaft in] lege hiermit für den Fall, dass ich wegen Krankheit oder Behinderung meine Angelegenheiten ganz oder teilweise nicht mehr selbst wahrnehmen kann und deshalb eine gerichtliche Betreuung notwendig werden sollte, Folgendes fest:

5.7.3 Einzelne Regelungen

Folgende Festlegungen können in eine umfassende Betreuungsverfügung aufgenommen werden:

Vorschläge für die Person des Betreuers

Ihre Vorschläge können sich auf die Person des Betreuers, eines Ersatzbetreuers und eines Kontrollbetreuers beziehen.

Person des Betreuers

In Ihrer Betreuungsverfügung können Sie eine Person vorschlagen, die im Fürsorgefall Ihre Betreuung übernehmen soll. An Ihren Vorschlag ist das Betreuungsgericht grundsätzlich gebunden. Nur wenn Gründe von erheblichem Gewicht vorliegen, die gegen den Vorgeschlagenen sprechen und die konkrete Gefahr besteht, dass dieser die Betreuung nicht zum Wohl des Betroffenen führen kann oder will, kann das Betreuungsgericht vom Vorschlag in der Betreuungsverfügung abweichen.

Textbaustein

Ich schlage dem Gericht folgende Person als Betreuer vor:
__________ [Name, Vorname, geboren am, wohnhaft in]

Person des Ersatzbetreuers

Das Betreuungsgericht hat Ihrem Vorschlag, im Fürsorgefall eine bestimmte Person als Betreuer zu benennen, zu entsprechen, wenn es Ihrem Wohl nicht zuwiderläuft. Nur wenn Gründe von erheblichem Gewicht vorliegen, die gegen den Vorgeschlagenen sprechen und die konkrete Gefahr besteht, dass dieser die Betreuung nicht zum Wohl des Betroffenen führen kann oder will, kann das Betreuungsgericht vom Vorschlag in der Betreuungsverfügung abweichen. Das kann insbesondere dann der Fall sein, wenn der von Ihnen vorgeschlagene Betreuer nicht geeignet ist, die von ihm im Rahmen des Betreuungsverfahrens wahrzunehmenden Angelegenheiten rechtlich zu besorgen.

! Sinnvoll ist es, dass Sie in Ihrer Betreuungsverfügung eine Ersatzperson bzw. mehrere Ersatzpersonen für den Fall vorschlagen, dass die von Ihnen für die Betreuung vorgeschlagene Person nicht als Betreuer bestellt werden kann.

Textbaustein

Falls die von mir vorgeschlagene Person nicht zum Betreuer bestellt werden kann, sollen folgende Personen in absteigender Reihenfolge bestellt werden:

__________ [Name, Vorname, geboren am, wohnhaft in]

__________ [Name, Vorname, geboren am, wohnhaft in]

__________ [Name, Vorname, geboren am, wohnhaft in]

Person des Kontrollbetreuers

Wenn Sie eine Vorsorgevollmacht verfasst haben, kann das Betreuungsgericht einen Betreuer bestellen, der mit der Überwachung des Bevollmächtigten betraut wird, um einen Missbrauch der Vollmacht zu verhindern. Das kann beispielsweise dann der Fall sein, wenn Sie in den Augen des Betreuungsgerichts nicht mehr dazu in der Lage sind, Ihren Bevollmächtigten selbst zu kontrollieren. Dann kann das Gericht einen Kontrollbetreuer bestellen, der Ihren Bevollmächtigten überwacht und Ihre Rechte gegenüber dem Bevollmächtigten vertritt. So kann sichergestellt werden, dass der Bevollmächtigte seine Befugnisse nicht missbraucht und ausschließlich in Ihrem Sinne tätig wird.

Die Anordnung einer Kontrollbetreuung setzt voraus, dass diese erforderlich ist. In Betracht kommen z.B. besondere Schwierigkeiten bei der Geschäftsführung des Bevollmächtigten oder konkrete Verdachtsmomente, dass die Vollmacht für den konkreten Betreuungsbedarf nicht ausreicht.

! Sie können in Ihrer Betreuungsverfügung eine Person vorschlagen, die – sofern es notwendig ist – vom Betreuungsgericht mit der Überwachung Ihres in Ihrer Vorsorgevollmacht eingesetzten Bevollmächtigten betraut werden kann.

Textbaustein

Sollte das Gericht einen sogenannten Kontrollbetreuer für notwendig erachten, sollte folgende Person bestellt werden: __________ [Name, Vorname, geboren am, wohnhaft in]

Ablehnung bestimmter Personen als Betreuer

Sie können in Ihrer Betreuungsverfügung nicht nur eine Person vorschlagen, die im Fürsorgefall Ihre Betreuung übernehmen soll, Sie können auch regeln, wen Sie auf keinen Fall als Betreuer wünschen. Anders als bei einem positiven Vorschlag ist das Gericht aber an die Ablehnung einer Person nicht gebunden. Das Gericht soll allerdings bei der Auswahlentscheidung auf Ihren Wunsch »Rücksicht nehmen«.

Textbaustein

Auf keinen Fall zum Betreuer bestellt werden soll(en):

__________ [Name, Vorname, geboren am, wohnhaft in]

__________ [Name, Vorname, geboren am, wohnhaft in]

__________ [Name, Vorname, geboren am, wohnhaft in]

Wünsche und Anweisungen für die Durchführung der Betreuung

Sie können über die Benennung eines Betreuers bzw. Ersatzbetreuers hinaus Wünsche und Vorstellungen äußern, wie im Fürsorgefall vom gerichtlich eingesetzten Betreuer Ihre Angelegenheiten wahrgenommen werden sollen. Der Betreuer hat bei der Wahrnehmung der Betreuung diesen Wünschen zu entsprechen, es sei denn, dass Sie an ihnen erkennbar nicht mehr festhalten wollen.

Wünsche und Vorstellungen bei der Betreuung in persönlichen Angelegenheiten

In Ihrer Betreuungsverfügung können Sie Ihre Wünsche und Vorstellungen in Ihren persönlichen Angelegenheiten äußern. Im Bereich der Personensorge obliegen dem Betreuer in erster Linie Angelegenheiten der Gesundheitsfürsorge und Wohnungsangelegenheiten.

Bei Gesundheitsangelegenheiten ist es sinnvoll, den Betreuer zu verpflichten, den in einer Patientenverfügung niedergelegten Willen zu beachten und diesen Willen gegenüber den behandelnden Ärzten und dem Pflegepersonal durchzusetzen. Daneben können Weisungen in Bezug auf die Pflege und die Unterbringung in Pflegeeinrichtungen erteilt werden.

Textbausteine

Der Betreuer soll meine gesundheitlichen und pflegerischen Angelegenheiten entsprechend meinen Wünschen und Vorstellungen wahrnehmen.

Der Betreuer soll gegenüber den behandelnden Ärzten und dem Pflegepersonal den in meiner Patientenverfügung niedergelegten Willen durchsetzen.

Der Betreuer soll bei der Wahrnehmung meiner gesundheitlichen und pflegerischen Angelegenheiten meine bisherigen Lebensgewohnheiten weitgehend berücksichtigen. Ich möchte mein Leben auch bei Gebrechlichkeit und Krankheit möglichst eigenständig und in vertrauter Umgebung realisieren.

Für den Fall, dass ich längere Zeit gepflegt werden muss, wünsche ich, dass die Pflege möglichst von folgender Person bzw. von folgendem Pflegedienst übernommen wird: __________ [Name, Vorname und Adresse der Pflegeperson bzw. des Pflegedienstes]

Für die Übernahme der Pflege soll die oben benannte Person aus meinem Einkommen und Vermögen eine pauschale Aufwandsentschädigung in Höhe von ______ Euro im Monat erhalten.

Wenn eine ambulante Pflege nicht mehr möglich ist, wünsche ich, möglichst in folgender Pflegeeinrichtung untergebracht zu werden: __________ [Name und Adresse der Pflegeeinrichtung].

Nach dem Umzug in ein Heim oder einer anderweitigen Unterbringung soll der Betreuer meinen Wohnungsmietvertrag kündigen bzw. mein Haus/meine Wohnung verkaufen und meinen Haushalt auflösen.

Wünsche und Vorstellungen bei der Betreuung in Vermögensangelegenheiten

In Ihrer Betreuungsverfügung können Sie auch Ihre Wünsche und Vorstellungen in Vermögensangelegenheiten äußern. In diesem Zusammenhang bestehen zu Ihrem Schutz bereits umfangreiche gesetzliche Regelungen. Ihre Interessen stehen im Vordergrund und Ihr Vermögen muss vor Verlusten geschützt werden. Auf keinen Fall darf der Betreuer Geld für sich verwenden. Ihr Vermögen muss der Betreuer wirtschaftlich verwalten. Geld, das nicht zur Bestreitung laufender Ausgaben benötigt wird, muss vom Betreuer verzinslich und mündelsicher angelegt werden.

Kraft Gesetzes besteht eine Reihe von Genehmigungserfordernissen. So bedarf der Betreuer etwa für den Kauf und Verkauf eines Grundstücks, die Aufnahme eines Darlehens für den Betreuten und für die Verfügung über Bausparverträge und Kapitalversicherungen der Genehmigung des Betreuungsgerichts. Daneben muss der Betreuer unter Umständen aber auch Ihre ganz konkreten Wünsche und Vorstellungen berücksichtigen.

Textbausteine

Der Betreuer soll mein Einkommen und Vermögen zu meiner bestmöglichen Pflege einsetzen und zur finanziellen Sicherstellung meiner Pflege gegebenenfalls auch meine Geldanlagen auflösen und/oder Vermögenswerte verkaufen.

Der Betreuer soll aus meinem Einkommen und Vermögen folgende (regelmäßigen) Zahlungen an folgende Personen vornehmen:

__________ [Betrag, an welche Person, Häufigkeit]

__________ [Betrag, an welche Person, Häufigkeit]

__________ [Betrag, an welche Person, Häufigkeit]

Der Betreuer soll für seine Tätigkeit aus meinem Einkommen und Vermögen eine pauschale Aufwandsentschädigung in Höhe von monatlich ________ Euro erhalten.

5.8 Aufbewahrung und Registrierung der Betreuungsverfügung

Wichtig ist, dass alle Personen und Institutionen, die im Falle Ihrer Betreuungsbedürftigkeit entsprechende Maßnahmen veranlassen müssen, von Ihrer Betreuungsverfügung Kenntnis erlangen und auf diese Verfügung schnell und unkompliziert zugreifen können. Sie können Ihre Betreuungsverfügung bei Ihren persönlichen Unterlagen aufbewahren oder einem Angehörigen oder einer anderen Person Ihres Vertrauens zur Verwahrung überlassen. Wenn Sie in Ihrer Verfügung einen Betreuer vorgeschlagen haben, sollten Sie diesen unbedingt über Ihre Verfügung informieren.

! In Hessen, Sachsen-Anhalt, Thüringen und im Saarland können Sie die Betreuungsverfügung bei den Betreuungsgerichten hinterlegen. In den anderen Bundesländern müssen Sie sich beim zuständigen Betreuungsgericht erkundigen, ob eine Hinterlegung möglich ist.

Die Betreuungsverfügung kann man auch im Zentralen Vorsorgeregister der Bundesnotarkammer aufnehmen lassen (www.vorsorgeregister.de). Dort werden die Daten des vorgeschlagenen Betreuers und dessen Anschrift vermerkt. Das Zentrale Vorsorgeregister sorgt dafür, dass das Betreuungsgericht von der Existenz der Verfügung erfährt. Für die Registrierung wird eine einmalige Gebühr erhoben.

Achtung: Wer ein Schriftstück besitzt, in dem jemand für den Fall seiner Betreuung Vorschläge zur Auswahl des Betreuers oder Wünsche zur Wahrnehmung der Betreuung geäußert hat, hat es unverzüglich an das Betreuungsgericht abzuliefern, nachdem er von der Einleitung eines Verfahrens über die Bestellung eines Betreuers Kenntnis erlangt hat. Ebenso hat der Besitzer das Betreuungsgericht über Schriftstücke, in denen der Betroffene eine andere Person mit der Wahrnehmung seiner Angelegenheiten bevollmächtigt hat, zu unterrichten.

5.9 Änderung und Widerruf der Betreuungsverfügung

Ihre Betreuungsverfügung gilt solange, bis Sie erkennbar etwas anderes wünschen. Sie verliert also nicht ihre Wirksamkeit durch bloßen Zeitablauf. Für die Wirksamkeit der Verfügung ist es auch nicht notwendig, dass Sie in regelmäßigen Abständen ihre Aktualität neu bestätigen.

Die Betreuungsverfügung kann jederzeit widerrufen oder geändert werden. Kleinere Änderungen können einfach im Original der Verfügung vorgenommen oder unter den ursprünglichen Text angefügt werden. Wichtig ist, dass dabei ein Zusammenhang mit dem alten Original erkennbar ist. Bei größeren Änderungen ist es sinnvoll, die alte Verfügung zu widerrufen und eine neue zu verfassen.

Der Widerruf der Betreuungsverfügung kann dadurch erfolgen, dass die Verfügung vernichtet oder formell widerrufen wird. Der Widerruf und gegebenenfalls die neue Verfügung sollten Sie mit dem Datum versehen, sodass eindeutig ersichtlich ist, dass sie nach der alten Verfügung aufgesetzt wurde und diese ersetzt. Der Widerruf der Betreuungsverfügung ist formlos möglich. Er kann schriftlich, mündlich oder auch durch schlüssiges Verhalten (z.B. Kopfschütteln- oder -nicken) jederzeit erklärt werden. Erforderlich ist allerdings, dass die Änderung des Willens des Betroffenen deutlich zum Ausdruck kommt.

! Auch wenn Sie Ihre Betreuungsverfügung nicht schriftlich geändert haben, können Sie dem Betreuer jederzeit mündlich andere Weisungen für Ihre Betreuung erteilen. Das Gesetz stellt ausdrücklich klar, dass Sie an früher geäußerte Wünsche nicht gebunden sind. Maßgebend für die Auswahl des Betreuers und Ihre sonstigen Wünsche und Vorstellungen sind also jeweils allein Ihr aktueller Wille.

5.10 Vorsicht Falle: Die häufigsten Fehler bei der Betreuungsverfügung

Folgende Fehler sollten Sie unbedingt vermeiden:

- **Vorsorgevollmacht oder Betreuungsverfügung:** Wenn eine Person, der Sie vertrauen können, bereit ist, sich im Falle Ihrer Betreuungsbedürftigkeit um Ihre Angelegenheiten zu kümmern, ist eine Vorsorgevollmacht der Betreuungsverfügung vorzuziehen. Schließlich vermeiden Sie durch die Erteilung der Vollmacht ein gerichtliches Verfahren über die Bestellung eines Betreuers.
- **Betreuungsverfügung brauchen nur ältere Menschen:** Verzichten Sie nicht deshalb auf die Errichtung einer Betreuungsverfügung, weil Sie noch jung und gesund sind. Sie können jederzeit durch einen Unfall oder eine Krankheit in die Situation kommen, dass sie nicht mehr imstande sind, selbst über Ihre Angelegenheiten zu entscheiden.
- **Im Fürsorgefall werden die Angehörigen entscheiden:** Das muss allerdings nicht zwangsläufig der Fall sein. Ihr Ehepartner oder Ihre Kinder sind nicht Ihre gesetzlichen Vertreter. Ihre Angehörigen können im Fürsorgefall nur für Sie entscheiden, wenn Sie eine rechtsgeschäftliche Vollmacht für den Einzelfall oder eine Vorsorgevollmacht errichtet haben oder vom Gericht als Betreuer bestellt wurden. Fehlt ein Vorschlag des Betroffenen, so ist bei der Auswahl des Betreuers auf die verwandtschaftlichen

und sonstigen persönlichen Bindungen des Betroffenen abzustellen. Vorrang haben in diesem Zusammenhang die Bindungen des Betroffenen zu Eltern, Kindern und zum Ehegatten bzw. Lebenspartner. Allerdings muss das Betreuungsgericht prüfen, ob der nahe Angehörige für die Betreuung geeignet ist. Und die Bestellung des vorgeschlagenen Betreuers darf ferner nicht dem Wohl des Betreuten zuwiderlaufen.

- **Die Betreuungsverfügung ist nicht umfassend:** Eine umfassende Betreuungsverfügung sollte neben dem Vorschlag eines Betreuers auch Äußerungen zu den Wünschen zur Durchführung der Betreuung enthalten.
- **Eine ungeeignete Person wurde als Betreuer vorgeschlagen:** Zwar können Sie in einer Betreuungsverfügung eine bestimmte Person als Betreuer vorschlagen, Voraussetzung für die Auswahl einer Person als Betreuer durch das Betreuungsgericht ist aber auch, dass diese geeignet ist, im Rahmen des festzulegenden Aufgabenkreises die Angelegenheiten des Betreuten zu organisieren und wahrzunehmen. Bestandteil der Eignung ist, dass der Betreuer die betreute Person persönlich betreuen kann. Deshalb müssen die Kernaufgaben aus dem dem Betreuer übertragenen Aufgabenkreis, wie Hausbesuche und verwaltungsmäßige Leistungen vom Betreuer immer höchstpersönlich wahrgenommen werden.
- **Es wird kein Ersatzbetreuer vorgeschlagen:** Wenn Gründe von erheblichem Gewicht vorliegen, die gegen den in der Betreuungsverfügung vorgeschlagenen Betreuer sprechen und die konkrete Gefahr besteht, dass dieser die Betreuung nicht zum Wohl des Betroffenen führen kann oder will, kann das Betreuungsgericht vom Vorschlag in der Betreuungsverfügung abweichen. Sinnvoll ist es deshalb, dass Sie in Ihrer Betreuungsverfügung eine Ersatzperson bzw. mehrere Ersatzpersonen für den Fall vorschlagen, dass die von Ihnen für die Betreuung vorgeschlagene Person nicht als Betreuer bestellt werden kann.

- **Die Betreuungsverfügung ist nicht auffindbar:** Achten Sie unbedingt darauf, dass alle Personen und Institutionen, die im Falle Ihrer Betreuungsbedürftigkeit entsprechende Maßnahmen veranlassen müssen, von Ihrer Betreuungsverfügung Kenntnis erlangen und auf diese Verfügung schnell und unkompliziert zugreifen können.
- **Die Betreuungsverfügung ist nicht mehr aktuell:** Unabhängig davon, dass Ihre Betreuungsverfügung nicht durch Zeitablauf unwirksam wird, ist es sinnvoll, Ihre einmal getroffenen Festlegungen in regelmäßigen Abständen daraufhin zu überprüfen, ob sich an Ihren Wünschen etwas geändert hat. Insbesondere bei wesentlichen Änderungen der Lebensumstände sollte die Verfügung gegebenenfalls aktualisiert werden.

6 Sorgerechtsverfügung für den Todesfall

Es ist sicherlich schwer, sich mit dem Gedanken zu befassen, wer sich um die minderjährigen Kinder kümmert, wenn die Eltern versterben. Aber eine schwere Krankheit oder ein tödlicher Autounfall kann jeden treffen. Wer sorgt sich dann um die Kinder? Was geschieht mit den Kindern, wenn diese plötzlich ohne sorgeberechtigte Eltern dastehen?

Wenn Eltern minderjähriger Kinder etwas zustößt, geht das Sorgerecht für die Kinder nicht automatisch auf die Großeltern oder nahe Verwandten über. Und schon gar nicht auf den Taufpaten. Mit einer Sorgerechtsverfügung können sorgeberechtigte Eltern bestimmen, wer an ihrer Stelle die elterliche Sorge für ein minderjähriges Kind ausüben soll, wenn sie dazu nicht mehr in der Lage sind.

6.1 Die elterliche Sorge

Solange ein Kind minderjährig ist, ist es der elterlichen Sorge anvertraut. Diese umfasst die Personensorge, die Vermögenssorge und die Vertretung des Kindes in persönlichen Angelegenheiten und in Vermögensangelegenheiten.

6.1.1 Umfang der elterlichen Sorge

Die Personensorge umfasst sämtliche Angelegenheiten, die die Person eines Kindes betreffen. Dazu gehören u.a. die Pflege, die Erziehung, die Beaufsichtigung, die Bestimmung des Aufenthalts, die Ausbildungs- und Berufswahl und die Bestimmung des Umgangs des Kindes mit anderen Personen.

Die Vermögenssorge beinhaltet das Recht und die Verpflichtung der Eltern zur Erhaltung und Vermehrung des Vermögens des Kindes. Bedeutung hat die Vermögenssorge, wenn das minderjährige Kind durch Schenkung oder Erbschaft eigenes Vermögen erwirbt. Die Vermögenssorge der Eltern unterliegt in mehrfacher Hinsicht gesetzlichen Beschränkungen. So bedürfen etwa bestimmte Rechtsgeschäfte (z.B. Kreditgeschäfte oder Ausschlagung einer Erbschaft) der Genehmigung des Familiengerichts.

Die elterliche Sorge umfasst auch die Vertretung des Kindes. Die gesetzliche Vertretung umfasst jedes Handeln mit allen daraus resultierenden Rechten und Pflichten für das Kind. Sie erfasst neben Rechtsgeschäften wie den Abschluss von Kauf- und Ausbildungsverträgen auch die Einwilligung in ärztliche Behandlungen und Operationen, Anträge bei Behörden und Schulan- und -abmeldungen. Im Regelfall vertreten die Eltern das Kind gemeinschaftlich.

6.1.2 Inhaber der elterlichen Sorge

Für die Frage, wer Inhaber der elterlichen Sorge ist, ist zwischen Kinder zu unterscheiden, deren Eltern verheiratet bzw. nicht verheiratet sind.

Verheiratete Eltern haben grundsätzlich gemeinsam die Pflicht und das Recht, für ihre minderjährigen Kinder zu sorgen. Sind die Eltern bei Geburt des Kindes bereits verheiratet, haben sie die gemeinsame Sorge von Anfang an; heiraten sie erst später, steht ihnen die gemeinsame Sorge ab dem Tag der Eheschließung zu.

Nicht miteinander verheirateten Eltern können gemeinsam sorgeberechtigt sein, wenn

- sie erklären, dass sie die Sorge gemeinsam übernehmen wollen (Sorgeerklärungen),
- sie einander heiraten oder
- ihnen das Familiengericht die elterliche Sorge gemeinsam überträgt.

Das Familiengericht überträgt auf Antrag eines Elternteils die elterliche Sorge oder einen Teil der elterlichen Sorge beiden Eltern gemeinsam, wenn die Übertragung dem Kindeswohl nicht widerspricht. Trägt der andere Elternteil keine Gründe vor, die der Übertragung der gemeinsamen elterlichen Sorge entgegenstehen können, und sind solche Gründe auch sonst nicht ersichtlich, wird vermutet, dass die gemeinsame elterliche Sorge dem Kindeswohl nicht widerspricht.

6.2 Die gesetzliche Rechtslage

Wenn die Eltern bzw. ein Elternteil die elterliche Sorge nicht mehr ausüben können bzw. wollen, stellt sich die Frage, wem das Sorgerecht übertragen wird bzw. wem das Sorgerecht zusteht. Das Gesetz unterscheidet unterschiedliche Konstellationen:

- Steht beiden Eltern das Sorgerecht gemeinsam zu und können beide Elternteile die elterliche Sorge nicht mehr ausüben (z.B. wegen Tod oder Entziehung des Sorgerechts), erhält der Minderjährige einen Vormund. Die Eltern können einen Vormund benennen. Beim Tod der Eltern hat der durch Testament bestimmte Vormund grundsätzlich ein Recht auf Bestellung. In diesen Fällen können beide Eltern gemeinsam eine Sorgerechtsverfügung errichten.
- Steht beiden Eltern das Sorgerecht gemeinsam zu und ist ein Elternteil gestorben, so steht die elterliche Sorge dem überlebenden Elternteil zu – auch bei getrennt lebenden, unverheirateten oder geschiedenen Paaren. Wird ein Elternteil geschäftsunfähig, ruht kraft Gesetzes dessen elterliche Sorge. In beiden Fällen ist der andere Elternteil zur Ausübung des Sorgerechts berechtigt. Durch eine Sorgerechtsverfügung kann keine andere Person als der andere Elternteil eingesetzt werden.
- Steht einem Elternteil das alleinige Sorgerecht zu, kann er es aber nicht mehr ausüben, während der andere Elternteil dazu in der Lage ist, kann das Sorgerecht auf den anderen Elternteil übertragen werden, wenn dies dem Kindeswohl entspricht. Der ursprünglich allein sorgeberechtigte Elternteil kann eine Sorgerechtsverfügung errichten.

- Steht einem Elternteil das alleinige Sorgerecht zu, kann er es aber nicht mehr ausüben und ist auch der andere Elternteil nicht (mehr) zur Ausübung des Sorgerechts imstande, bestimmt das Familiengericht einen Vormund. Dem Sorgerechtsinhaber steht eine alleinige Benennungsbefugnis zu.

6.3 Gründe für die Errichtung einer Sorgerechtsverfügung für den Todesfall

Wenn ein Kind seine Eltern bzw. denjenigen verliert, bei dem das Sorgerecht lag, dann entscheidet das Familiengericht darüber, wer sich künftig um das Kind kümmert. Es bestellt einen Vormund. In der Regel ist das ein naher Verwandter. Ab einem Alter von 14 Jahren haben Kinder ein Mitspracherecht. Mithilfe einer Sorgerechtsverfügung können Sie eine Person benennen, die im Falle Ihres Todes die Vormundschaft für Ihr minderjähriges Kind übernehmen soll.

Mit einer Sorgerechtsverfügung haben Sie es in der Hand zu bestimmen, wer sich um Ihr minderjähriges Kind im Falle Ihres Todes kümmern soll. Als Eltern oder Elternteil wissen Sie, was das Beste für Ihr Kind ist. Bei einem vom Familiengericht bestellten Vormund besteht die Gefahr, dass er eventuell nicht Ihren Vorstellungen entspricht. Deshalb ist es sinnvoll, dass Sie diese Person selbst vorschlagen. Das Familiengericht wird diesem Vorschlag in der Regel folgen. Naheliegend ist es, dass Sie bei der Suche einer geeigneten Person erst einmal in Ihrer Verwandtschaft beginnen. Wenn Sie sichergehen möchten, dass Ihre Anordnungen auch umgesetzt werden, sollten Sie im Vorfeld mit allen Beteiligten, insbesondere mit dem gewünschten Vormund, darüber sprechen. Auch die Interessen älterer Kinder sollten berücksichtigt werden.

Stellen Sie sich bei der Auswahl des von Ihnen in Aussicht genommenen Vormunds folgende Fragen:

- In welchen Verhältnissen lebt die betreffende Person?
- Hat sie selbst Kinder?
- Kann die Person mit Kindern umgehen?

- Wie alt ist die Person?
- Mag die betreffende Person mein Kind und mag mein Kind diese Person?
- Besteht zwischen dem Kind und der Person ein Vertrauensverhältnis?
- Wird der in Aussicht genommene Vormund den Anforderungen gewachsen sein?
- Seht genügend Wohnraum zur Verfügung?
- Passen die Lebensüberzeugungen zusammen?

6.4 In sechs Schritten zur Sorgerechtsverfügung

Wenn Sie eine Sorgerechtsverfügung errichten wollen, sollten Sie sich dafür ausreichend Zeit nehmen. Planen Sie Ihre Vorsorgeverfügung sorgfältig und gründlich. Dabei können Sie in folgenden Schritten vorgehen:

- **Schritt 1 – Information und Beratung:** Machen Sie sich schlau. Informieren Sie sich umfassend. Befassen Sie sich zunächst mit dem möglichen Inhalt und den Formalitäten der Sorgerechtsverfügung.
- **Schritt 2 – Geeignete Person:** Überlegen Sie, wer als Vormund für Ihr minderjähriges Kind in Betracht kommt. Neben einem besonderen Vertrauensverhältnis sind auch Alter, die Lebensumstände und die Familiensituation des Vormunds und der zur Verfügung stehende Wohnraum von Bedeutung. Besprechen Sie Ihr Anliegen mit dem in Aussicht genommenen Wunschvormund und beziehen Sie unter Umständen auch Ihr Kind mit ein.
- **Schritt 3 – Ersatzperson:** Sinnvoll ist es, eine geeignete Ersatzperson zu suchen und zu benennen, falls die vorgeschlagene Person die Vormundschaft nicht übernehmen kann. Sie haben auch die Möglichkeit, in Ihrer Verfügung Personen zu benennen, die unter keinen Umständen die Sorge ausüben sollen.

- **Schritt 4 – Umfang der Sorgeberechtigung:** Überlegen Sie, welche Bereiche die Sorgerechtsverfügung umfassen soll. Sie können eine umfassende Verfügung errichten, die sowohl die Personen- als auch die Vermögenssorge beinhaltet. Sie können aber auch die Personen- und Vermögenssorge jeweils auf zwei Personen verteilen.
- **Schritt 5 – Verfügung verfassen:** Verfassen Sie Ihre Sorgerechtsverfügung handschriftlich, unterschreiben Sie diese und geben Sie Ort und Datum an. Sinnvoll ist es, in der Verfügung die Gründe für die Benennung des Vormunds aufzuführen. Besondere Bedeutung hat die Begründung dann, wenn bei der Auswahl des Vormunds vom Familiengericht das Wohl des Kindes von Bedeutung ist.
- **Schritt 6 – Aufbewahrung:** Sorgen Sie dafür, dass Sie Ihre Vollmacht so aufbewahren, dass das Familiengericht im Bedarfsfall auf sie zugreifen kann. Händigen Sie Ihrem Wunschvormund das Original der Verfügung aus und verwahren Sie eine Kopie der Verfügung in Ihren Unterlagen.

---

10 wichtige Regeln für Ihre Sorgerechtsverfügung

- Eine Sorgerechtsverfügung können Sie nur errichten, wenn Ihnen die elterliche Sorge für das minderjährige Kind zusteht.
- Die Sorgerechtsverfügung richtet sich an das Familiengericht für den Fall, dass für Ihre minderjährigen Kinder ein Vormund bestellt werden muss.
- In Ihrer Sorgerechtsverfügung können Sie einen Vormund für Ihre minderjährigen Kinder benennen, falls Sie sterben. In diesem Fall darf das Familiengericht nur zum Wohl des Kindes von Ihren Vorgaben abweichen.
- Bei der Auswahl der Person sollten Sie darauf achten, dass zwischen dem minderjährigen Kind und dem Wunschvormund ein besonderes Vertrauensverhältnis besteht. Wichtig sind nicht zuletzt auch das Alter, die Lebensumstände und die Familiensituation des Vormunds.

- Besprechen Sie mit dem gewünschten Vormund unbedingt Ihre Absicht, damit er sich entsprechend einstellen und sich zu Ihren Wünschen äußern kann.
- Sinnvoll ist es, dass Sie in Ihrer Sorgerechtsverfügung eine Ersatzperson bzw. mehrere Ersatzpersonen für den Fall vorschlagen, dass die von Ihnen als Wunschvormund benannte Person die Vormundschaft nicht annehmen kann oder will.
- Sie können auch eine Person benennen, die vom Familiengericht auf keinen Fall als Vormund für Ihre minderjährigen Kinder bestellt werden soll.
- Ihre Sorgerechtsverfügung müssen Sie (wie ein eigenhändiges Testament) handschriftlich verfassen und eigenhändig unterzeichnen. Sinnvoll ist es, den Ort und das Datum der Errichtung anzugeben.
- Überprüfen Sie in regelmäßigen Abständen Ihre einmal getroffenen Festlegungen und passen Sie diese gegebenenfalls Ihren neuen Lebensumständen an.
- Ihre Sorgerechtsverfügung können Sie jederzeit ohne Angabe von Gründen ändern oder widerrufen.

6.5 Voraussetzungen für eine wirksame Sorgerechtsverfügung

Nur der Inhaber der elterlichen Sorge kann für den Fall seines Todes einen Vormund benennen. Die Benennung muss in Form einer Verfügung von Todes wegen erfolgen.

6.5.1 Benennungsrecht der Eltern

Als Vormund ist berufen, wer von den Eltern des minderjährigen Kindes als Vormund benannt ist. Die Eltern können allerdings nicht eine dritte Person ermächtigen, den Vormund zu benennen. Zulässig ist die Benennung des Vormunds unter einer Bedingung oder Zeitbestimmung. Haben die Eltern verschiedene Personen benannt, so gilt die Benennung durch den zuletzt verstorbenen Elternteil.

Die Eltern können einen Vormund nur benennen, wenn ihnen zur Zeit ihres Todes die elterliche Sorge für die Person und das Vermögen des minderjährigen Kindes zusteht. Benennungsberechtigt sind also nur Eltern, denen bei ihrem Tod die Personen- und die Vermögenssorge zusteht. Kein Benennungsrecht haben Eltern, denen das Sorgerecht entzogen wurde (z.B. wegen Gefährdung des Kindeswohls) oder ein Elternteil, dem das Sorgerecht wegen einer Sorgerechtsregelung im Rahmen einer Trennung nicht mehr zusteht.

Achtung: Wurde die Personen- und Vermögenssorge zwischen den Eltern aufgeteilt, kann keiner von Ihnen den Vormund benennen.

6.5.2 Ausschluss durch die Eltern

Die sorgeberechtigten Eltern können durch entsprechende Anordnung – auch ohne Begründung – eine Person von der Vormundschaft ausschließen. Ausgeschlossen werden können auch ganze Personenklassen (z.B. alle Verwandten). Haben die Eltern einander widersprechende Verfügungen getroffen, so gilt die Benennung durch des zuletzt verstorbenen Elternteil.

An einen wirksamen Ausschluss der Eltern ist das Familiengericht grundsätzlich gebunden, und zwar selbst dann, wenn die Bestellung des ausgeschlossenen Vormunds im Interesse des minderjährigen Kindes liegen würde.

6.5.3 Form

Der Vormund für minderjährige Kinder durch die sorgeberechtigten Eltern wird durch letztwillige Verfügung benannt. Die Sorgerechtsverfügung muss also entweder nach den Regeln eines eigenhändigen oder notariellen Testaments verfasst werden. Auch im Rahmen eines Erbvertrags kann eine Sorgerechtsverfügung erfolgen. Erfolgt die Sorgerechtsverfügung in Form eines eigenhändigen Testaments, muss der gesamte Text handschriftlich verfasst und eigenhändig mit Vor- und Familiennamen unterschrieben werden. Ort und Datum sollen in der Erklärung angegeben werden.

Achtung: Die Sorgerechtsverfügung in Form es eigenhändigen Testaments kann nicht wirksam mittels PC oder einem vorgedruckten Text aus dem Internet errichtet werden.

Sind die Eltern verheiratet, können Sie die Sorgerechtsverfügung auch durch ein gemeinschaftliches Testament errichten. Nicht verheiratete Eltern können dagegen keine gemeinsame Verfügung treffen. Jeder Elternteil muss eine einzelne Sorgerechtsverfügung verfassen.

6.6 Person des Vormunds

Grundsätzlich hat das Familiengericht den von den sorgeberechtigten Eltern benannten Vormund zu bestellen. Er darf vom Gericht nur aus den im Gesetz genannten Gründen übergangen werden. So soll eine minderjährige Person nicht zum Vormund bestellt werden. Der benannte Vormund darf auch übergangen werden, wenn

- er an der Übernahme der Vormundschaft verhindert ist (z.B. wegen Krankheit oder eines Auslandsaufenthalts),
- seine Bestellung das Wohl des Kindes gefährden würde,
- das minderjährige Kind, das das 14. Lebensjahr vollendet hat, der Bestellung widerspricht.

Grundsätzlich ist die Person, die von dem Vormundschaftsgericht zum Vormund bestellt wird, verpflichtet, diese Aufgabe wahrzunehmen. Ein Vormund kann seine Vormundschaft allerdings ablehnen, wenn er zwei oder mehr schulpflichtige Kinder zu betreuen hat, seine Familie die Übernahme des Amtes erschwert, er das 60. Lebensjahr vollendet hat oder krank und gebrechlich ist.

6.7 Inhalt der Sorgerechtsverfügung

In Ihrer Sorgerechtsverfügung können Sie für den Fall Ihres Todes einen Vormund für Ihre minderjährigen Kinder benennen, einen Ersatzvormund vorschlagen oder Personen von der Bestellung als Vormund ausschließen.

6.7.1 Benennung eines Vormunds

In Ihrer Sorgerechtsverfügung können Sie einen Vormund für Ihre minderjährigen Kinder benennen, falls Sie sterben. Sind Sie verheiratet, können Sie zusammen mit Ihrem Ehepartner eine gemeinsame Sorgerechtserklärung verfassen. Sind die Eltern nicht verheiratet, müssen Sie jeweils eine eigene Erklärung abgeben.

Textbaustein: Gemeinsame Sorgerechtsverfügung

Für den Fall, dass wir __________ [Name, Vorname, geboren am, wohnhaft in], und __________ [Name, Vorname, geboren am, wohnhaft in], für unsere minderjährigen Kinder die elterliche Sorge wegen Todes nicht mehr ausüben können, benennen wir folgenden Vormund: __________ [Name, Vorname, geboren am, wohnhaft in].

Dem Kindeswohl ist so am besten entsprochen, weil __________.

Textbaustein: Einzelne Sorgerechtsverfügung

Für den Fall, dass ich __________ [Name, Vorname, geboren am, wohnhaft in], für meine minderjährigen Kinder die elterliche Sorge wegen Todes nicht mehr ausüben kann, benenne ich folgenden Vormund: __________ [Name, Vorname, geboren am, wohnhaft in].

Dem Kindeswohl ist so am besten entsprochen, weil __________.

6.7.2 Benennung eines Ersatzvormunds

Sinnvoll ist es, dass Sie in Ihrer Sorgerechtsverfügung eine Ersatzperson bzw. mehrere Ersatzpersonen für den Fall vorschlagen, dass die von Ihnen als Wunschvormund benannte Person als Vormund nicht bestellt werden kann.

Textbaustein

Wenn die vorstehend genannte Person nicht als Vormund bestellt werden kann, soll ersatzweise die im Folgenden genannte Person zum Vormund bestellt werden: __________ [Name, Vorname, geboren am, wohnhaft in].

Dem Kindeswohl ist so am besten entsprochen, weil __________.

6.7.3 Trennung der Personen- und Vermögenssorge

Im Rahmen einer Sorgerechtsverfügung können die Personensorge und die Vermögenssorge getrennt werden. So kann beispielsweise dem anderen Elternteil die Verwaltung des Erbes des minderjährigen Kindes entzogen werden, während ihm die Personensorge weiterhin obliegt. Wenn einem Elternteil das Verwaltungsrecht entzogen wird, ordnet das Familiengericht eine Pflegschaft an.

Textbaustein

Sollte mein Kind : __________ [Name, Vorname, geboren am, wohnhaft in] zum Zeitpunkt meines Todes noch minderjährig sein, bestimme ich hinsichtlich des ihm zustehenden Erbteils, dass dieses Vermögen nicht durch __________ [Name des Elternteils, Vorname, geboren am, wohnhaft in] verwaltet werden darf.

Die Verwaltung übertrage ich __________ [Name, Vorname, geboren am, wohnhaft in] als Pfleger. Dem Pfleger wird umfassende Befreiung erteilt.

6.7.4 Ausschluss eines Vormunds

Die sorgeberechtigten Eltern können durch entsprechende Verfügung eine Person oder einen Personenkreis von der Vormundschaft ausschließen.

Textbaustein

Die im Folgenden aufgeführte(n) Person(en) soll(en) auf keinen Fall zum Vormund bestellt werden:

__________ [Name, Vorname, geboren am, wohnhaft in].

__________ [Name, Vorname, geboren am, wohnhaft in].

6.7.5 Sorgerechtsverfügung und -vollmacht

Bedenken Sie, dass Sie auch aus gesundheitlichen Gründen nicht mehr in der Lage sein können, Ihr Sorgerecht auszuüben. Auch in diesem Fall erhält Ihr minderjähriges Kind einen Vormund. Mit einer Sorgerechtsvollmacht können Sie in diesem Fall einen Vormund benennen.

Textbausteine

Für den Fall, dass ich __________ [Name, Vorname, geboren am, wohnhaft in], für meine minderjährigen Kinder die elterliche Sorge nicht mehr ausüben kann, benenne ich folgenden Vormund: __________ [Name, Vorname, geboren am, wohnhaft in].

Dem Kindeswohl ist so am besten entsprochen, weil __________.

Sinnvoll ist es, die Sorgerechtsverfügung und die -vollmacht in einem Dokument zusammenzufassen.

[oder]

Für den Fall, dass ich __________ [Name, Vorname, geboren am, wohnhaft in], für meine minderjährigen Kinder die elterliche Sorge wegen Krankheit oder Tod nicht mehr ausüben kann, benenne ich folgenden Vormund: __________ [Name, Vorname, geboren am, wohnhaft in].

Dem Kindeswohl ist so am besten entsprochen, weil __________.

6.8 Aufbewahrung und Hinterlegung der Sorgerechtsverfügung

Ihre Sorgerechtsverfügung sollten Sie so aufbewahren, dass diese im Ernstfall dem Familiengericht vorgelegt werden kann. Fertigen Sie am besten zwei Exemplare. Geben Sie die Verfügung der Person, die Sie als Vormund benannt haben, das andere Exemplar sollten Sie bei Ihren persönlichen Unterlagen aufbewahren.

Tipp: Es besteht auch die Möglichkeit, die Sorgerechtsverfügung gegen eine Gebühr beim Nachlassgericht in besondere amtliche Verwahrung zu geben.

6.9 Vorsicht Falle: Die häufigsten Fehler bei der Sorgerechtsverfügung

Folgende Fehler sollten Sie unbedingt vermeiden.

- **Im Ernstfall werden sich die Angehörigen um die Kinder kümmern:** Das muss nicht zwangsläufig der Fall sein. Denn das Sorgerecht für minderjährige Vollwaisen geht nämlich nicht automatisch auf nahe Verwandte wie Geschwister oder Großeltern über – und entgegen weitverbreiteter Meinung auch nicht auf die Taufpaten. Wenn Sie sicherstellen wollen, dass Ihre Kinder im Ernstfall in gute Hände kommen, sollte Sie eine Sorgerechtsverfügung oder eine Sorgerechtsvollmacht verfassen.

- **Eine ungeeignete Person wurde als Vormund vorgeschlagen:** Zwar können Sie in einer Sorgerechtsverfügung oder -vollmacht eine bestimmte Person als Vormund vorschlagen, letztlich bestellt jedoch das Gericht den Vormund. Dabei steht an erster Stelle das Wohl des Kindes. Deshalb sollten Sie Ihren Wunschvormund sorgfältig auswählen. Bei der Auswahl der Person sollten Sie darauf achten, dass zwischen dem minderjährigen Kind und dem Wunschvormund ein besonderes Vertrauensverhältnis besteht. Wichtig sind nicht zuletzt auch das Alter, die Lebensumstände und die Familiensituation des Vormunds.
- **Es wird kein Ersatzvormund vorgeschlagen:** Sinnvoll ist es, dass Sie in Ihrer Sorgerechtsverfügung eine Ersatzperson bzw. mehrere Ersatzpersonen für den Fall vorschlagen, dass die von Ihnen vorgeschlagene Person nicht als Vormund bestellt werden kann. Andernfalls bestellt das Familiengericht einen neuen Vormund, wenn der von Ihnen Vorgeschlagene ausfällt.
- **Die gesetzlich vorgeschriebene Form wird nicht eingehalten:** Die Sorgerechtsverfügung ist unwirksam, wenn die strengen formalen Vorschriften für die Errichtung eines Testaments nicht eingehalten werden.
- **Die Sorgerechtsverfügung ist nicht auffindbar:** Achten Sie unbedingt darauf, dass auf Ihre Verfügung im Ernstfall schnell und unkompliziert zugegriffen werden kann. Unter Umständen empfiehlt sich eine Hinterlegung gegen eine Gebühr beim zuständigen Nachlassgericht.
- **Die Sorgerechtsverfügung ist nicht mehr aktuell:** Ihre Sorgerechtsverfügung und -vollmacht gelten solange, bis das darin genannte Kind volljährig ist und die Erklärungen nicht widerrufen wurden. Unabhängig davon sollten Sie Ihre Festlegungen regelmäßig überprüfen und gegebenenfalls aktualisieren. Sie sollten abklären, ob der gewünschte Vormund diese Aufgabe immer noch übernehmen kann und will. Auch ein Umzug oder eine neue Lebenssituation kann Anlass sein, die Erklärungen zu ändern.

Index